NOUVEAU RECUEIL
DES STATUTS ET REGLEMENS DE LA COMMUNAUTÉ

Des Maîtres Diſtillateurs, Marchands d'Eau-de-Vie & de toutes ſortes de Liqueurs de la Ville & Fauxbourgs de Paris.

NOUVEAU RECUEIL *DES STATUTS* ET REGLEMENS DE LA COMMUNAUTÉ

Des Maîtres Diſtillateurs, Marchands d'Eau-de-Vie & de toutes ſortes de Liqueurs de la Ville & Fauxbourgs de Paris.

FAIT

De la Jurande des Sieurs CLAUDE WLLIET, PIERRE-RENÉ MACIET, MARIE-RENÉ BERNARD, & PIERRE MILLET-MOTTET.

A PARIS,
De l'Imprimerie de J. CHARDON, rue Galande, près la Place Maubert, à la Croix d'Or.

M. DCC. LIV.

LA Communauté des Limonadiers doit ſon établiſſement à l'uſage du Caffé, du Chocolat, des Liqueurs fraîches & des Liqueurs chaudes. L'uſage des Liqueurs chaudes, comme celui des Vins de Liqueurs, eſt fort ancien ; mais les Liqueurs chaudes étoient bornées à quelques qualités, telles que le Populo & le Roſſoli. On ne faiſoit preſque aucune conſommation des Liqueurs fraîches en France avant le dix-ſeptiéme ſiécle ; ce ne fut qu'en 1636. que l'uſage du Thé commença à faire un objet de commerce dans le Royaume : l'uſage du Caffé n'y eſt devenu général que depuis 1650 ; quelques années après le Chocolat y fut introduit. Il y avoit une Communauté de Diſtillateurs établie dès 1634 ; mais la profeſſion des Maîtres qui la composoient, étoit bornée à la distillation & à la vente des Eaux-de-Vie & Eaux-Fortes : une branche de cette premiere Communauté fut soumise en 1639. à la Jurisdiction de la Cour des Monnoyes à cause de la distillation des Eaux-Fortes ; mais cette distinction qu'avoit mise entre les Maîtres d'une même Communauté l'exercice d'une profession qui avoit deux parties aussi distinctes, n'occasionna que des Procès.

Le Roy jugea à propos d'établir en 1676. la Comuunauté des Limonadiers, dont le nombre étoit déja de 250. La faculté de faire de l'Eau-de-Vie, & d'en vendre en gros & en détail, obligea, bientôt après, l'ancienne Communauté des Distillateurs à demander son union avec celle des Limonadiers ; mais cette union en ne formant qu'un seul Corps de deux Communautés, dont plusieurs des membres de la premiere ne s'étoient attachés qu'à la Diſtillation des Eaux-Fortes, ne fut qu'un nouveau ſujet de troubles & de conteſtations. Les Diſtillateurs d'Eau-Forte demeurerent ſous la protection de la Cour des Monnoyes, & prirent la qualité de Chymiſtes : cette Communauté particuliere, ſans titre, a été depuis éteinte, & il n'y a aujourd'hui d'autres Diſtillateurs en Chymie que ceux qui ont des Lettres du Roy.

La Communauté des Diſtillateurs-Limonadiers éprouva d'ailleurs toutes les traverſes auxquelles ſont ordinairement expoſés les nouveaux Etabliſſemens. Les Fruitiers-Orangers, les Vinaigriers, les Epiciers, les Merciers, les Marchands de Vin & toutes les autres Communautés qui prétendoient que celle des Diſtillateurs-Limonadiers étoit entée ſur elles, lui ſuſciterent des Procès qui ont duré un ſiécle entier. Elle fut ſupprimée en 1704.

rétablie en 1705. ſupprimée en 1706. & rétablie en 1713. en l'état où elle eſt. Toutes ces révolutions ont ſouvent fait changer la forme de ſa conſtitution & de ſes Réglemens, & ont rendu néceſſaire le Recueil de ſes Statuts, Arrêts, Sentences, Délibérations & généralement de tous ſes Titres, afin que les Jurés en place, & ceux qui ſe deſtinent à le devenir, puiſſent connoître quels ſont les véritables droits de cette Communauté, aujourd'hui paiſible.

STATUTS

STATUTS
DES
DISTILLATEURS
ET
VENDEURS D'EAU-DE-VIE.

Du 13 Octobre 1634.

ARTICLE PREMIER.

U'AUDIT Métier de Distillateur & Vendeur, il y aura deux Prud'hommes, qui seront élûs pardevant Nous Procureur du Roi au Châtelet de cette Ville de Paris, en la maniere accoûtumée aux autres Métiers, pour être Jurés & Gardes dudit Métier, lesquels auront puissance de visiter en la Ville, Fauxbourgs, & Banlieuë de Paris, toutes Distillations d'Eau-de-Vie & Eau Forte qui se feront dans ladite Ville, Fauxbourgs, & Banlieuë de Paris, & qui arriveront en ladite Ville & Fauxbourgs, tant par eau que par terre, même tant ès maisons des Maîtres dudit Métier, qu'autres lieux de cette Ville, Fauxbourgs & Banlieuë, où ils seront avertis qu'il y aura autres qui voudront entreprendre sur ledit Métier, & les contrevenans à ces Statuts & abus qui s'y pourroient commettre, faire par lesdits Jurés tous exploits que peuvent faire tous les autres Jurés d'autre Métier de cette Ville, en cas semblable.

I I.

Item. Quiconque voudra être Maître dudit Métier, sera tenu payer neuf livres tournois; sçavoir, trois livres tournois pour le droit du Roi, autres trois livres pour servir aux affaires qui pourroient arriver au Corps dudit Métier, & semblable somme de trois livres aux Jurés dudit Métier, & faire le Serment pardevant ledit Sieur Procureur du Roi, pardevant lequel les Jurés feront leur rapport des contraventions qui se commettront par les Maîtres, ainsi que font les Jurés des autres Métiers.

I I I.

Item. Nul Compagnon dudit Métier ne pourra parvenir à la Maîtrise, qu'il n'ait servi comme Apprentif un desdits Maîtres dudit Métier le temps & espace de quatre ans entiers, & qu'il ne fasse apparoir de son Brevet d'apprentissage.

I V.

Item. Qu'aucun Compagnon aspirant à la Maîtrise ne pourra être Maître qu'en faisant chef-d'œuvre en la présence des Jurés, & qu'il n'ait été par eux certifié capable, & prêté le Serment pardevant ledit Sieur Procureur du Roi.

V.

Item. Nul Maître dudit Métier, tenant Boutique en cette Ville, Fauxbourgs & Banlieuë d'icelle, ne pourra tenir plus d'un Apprentif, lequel sera obligé à lui pour le temps & espace de quatre années, sur peine de trois livres parisis d'amende, appliquable moitié au Roi, & l'autre moitié aux Jurés.

V I.

Item. Lesdits Maîtres ne pourront prendre autres Apprentifs, que celui qui est obligé à lui pour le temps de quatre ans, sinon la derniere année desdits quatre ans dudit apprentissage, qui lui sera loisible d'en prendre un autre, & non plutôt, sur peine de vingt-quatre livres parisis d'amende, applicable comme dessus.

V I I.

Item. Si l'un desdits Apprentifs, obligé pour ledit temps

de quatre ans d'apprentiſſage, s'enfuit & s'abſente hors du logis & ſervice de ſon Maître, celui qui aura obligé ledit Apprentif ſera tenu de repréſenter ledit Apprentif, & le rendre au ſervice de ſon Maître, ou bien juſtifier comme il aura fait recherche d'icelui dans ladite Ville, Fauxbourgs & Banlieuë; cela fait, & au défaut de ne pouvoir repréſenter ledit Apprentif, ſera loiſible audit Maître de prendre un autre Apprentif, & icelui faire obliger pour ledit temps de quatre ans.

VIII.

Item. Que nul Maître dudit Métier de Diſtillateur & Vendeur, ne pourra tenir ou avoir dans ſa maiſon aucun Compagnon dudit Métier, qui ſoit alloué & obligé à un autre Maître pendant & durant le temps de ſon obligé, ains ſera tenu le rendre au Maître, auquel il ſera tenu & obligé pour achever ſondit temps, & ne ſera permis à aucun Maître recevoir en ſon ſervice aucun Compagnon ſans le conſentement du Maître d'où il ſortira, ſur peine de pareille amende, & de vingt-quatre livres pariſis, applicables comme deſſus.

IX.

Item. Que les fils des Maîtres de chef-d'œuvre qui auront ſervi audit Métier ſous leur pere ou autres Maîtres, pourront parvenir à la Maîtriſe, & gagner la franchiſe, ſans être tenus de montrer aucunes Lettres d'Apprentiſſage, ſans faire aucun chef-d'œuvre, ayant atteint l'âge de dix-huit à vingt ans, en payant toutes-fois les droits du Roi & Jurés tels que deſſus eſt dit; Et au cas que leſdits Maîtres ayent des filles, icelles affranchiront un Compagnon, Apprentif dudit Métier en cette Ville, qu'ils épouſeront, en payant les droits du Roi & Jurés comme deſſus.

X.

Item. Que les Maîtres dudit Métier ſeront tenus de travailler de bonne lie & beſſiere de Vin, & en toutes les opérations qui ſe peuvent tirer dudit Vin, dites lies & beſſieres de Vin; comme preſſoirs & baculles provenans deſdites lies & beſſieres de Vin, & faire gravelée, le tout conformément aux Arrêts de la Cour de Parlement; Et pour empêcher les abus & malverſations qui ſe pourroient commettre audit Métier, ſeront faites défenſes d'en faire de pied de bac, bierre & lie de cidre, à tous Distillateurs & Vendeurs de les composer de plusieurs drogues qui seront nommées ci-après; sçavoir, poivre long, poivre rond, graine de geniévre, gingembre, & autres drogues non convenables au corps humain, sur peine de confiscation desdites marchandises, & de vingt-quatre livres parisis d'amende, applicable moitié au Roi, & l'autre moitié aux Jurés.

X I.

Item. Que tous les Maîtres auront visitation sur toutes sortes de marchandises dudit Métier, qui se pourront amener en cette Ville de Paris, tant par eau que par terre, par Marchands Forains & autres, lesquels ne les pourront vendre ni exposer en vente, qu'au préalable ladite visitation n'ait été faite par lesdits Jurés, lesquels lesdits Marchands Forains & autres seront tenus d'avertir, sur peine de confiscation desdites marchandises, & de vingt-quatre livres parisis d'amende, applicable comme dessus.

X I I.

Item. Pour obvier aux abus & monopoles qui se pourroient commettre à l'achapt desdites marchandises qui pourroient être amenées en cette Ville & Fauxbourgs de Paris par les Marchands Forains & autres; ne pourront lesdits Maîtres acheter desdits Marchands Forains & autres les marchandises d'iceux, qu'auparavant ils ne l'ayent exposées en vente au lieu qui sera par eux nommé, sur peine de confiscation des marchandises, & de vingt-quatre livres parisis d'amende, applicable comme dessus.

X I I I.

Item. S'il advient qu'aucun Maître dudit Métier allât de vie à trepas, délaissant sa veuve; icelle veuve pourra tenir, ouvrir, & faire travailler en sa maison, Ouvriers & Compagnons qui auront fait apprentissage chez un Maître dudit Métier, pendant le temps de sa viduité seulement, sans qu'il lui soit loisible d'avoir aucun Apprentif, sur peine de pareille amende, & de vingt-quatre livres parisis, applicable comme dessus.

X I V.

Item. Qu'il ne sera loisible à aucunes personnes de cette Ville, Fauxbourgs & Banlieuë, de travailler, ou faire travailler dudit Métier, sur peine de confiscation de ladite marchandise & ustancilles servans audit travail, & de vingt-quatre livres parisis d'amende, applicable comme dessus.

VU par Nous Michel Moreau, Conseiller du Roi en ses Conseils d'Etat & Privé, Prevôt des Marchands, & Lieutenant Civil de la Ville, Prevôté & Vicomté de Paris, & Michel le Tellier, Procureur dudit Seigneur Roi, en son Châtelet de Paris, les Articles à Nous présentés par Simon Dumoulin, Jacques Dumoulin, & Philippes Denise, Faiseurs d'Eau-de-Vie, afin que le bon plaisir de Sa Majesté fût de leur octroyer la confirmation, validation, & homologation desdits Articles en forme d'Ordonnance, & qu'en ce faisant leur Métier fût réduit en Métier-Juré, comme les autres Métiers-Jurés de cette Ville de Paris: Vu les Arrêts de la Cour par eux obtenus contre les Jurés Vinaigriers, en date des 7 Septembre 1624. & 11 Avril dernier, an présent 1634. ensemble le Procès-verbal de comparution fait en l'Hôtel de Monsieur Me Claude le Clerc, Sieur de Courcelles, Conseiller en ladite Cour, en date du 29 Août 1633. par lequel appert expérience avoir été faite par les dessusdits, pour tirer de l'Eau-de-Vie & Eau-Forte en la présence desdits Jurés Vinaigriers, & de Me Jacques Perreau & Gabriel Hardoüin de Saint-Jacques, Docteurs en la Faculté de Médecine à Paris, Paul Chevalier, & Simon de Seigneville, Maîtres Apoticaires Epiciers pour Paris, & Michel Semelle, Bourgeois de Paris, commis par lesdits Arrêts.

NOtre avis est, sous le bon plaisir de Sadite Majesté, qu'elle peut homologuer lesdits Articles & Cahiers transcrits: ce faisant, ériger ledit Métier en Métier-Juré en cette Ville de Paris, pour être régi & gouverné selon lesdits Articles d'Ordonnance, & qu'à ladite homologation la chose publique n'a aucun intérêt & dommage. FAIT sous nos seings, ce Vendredi treiziéme jour d'Octobre 1634. Et ont lesdits Sieurs Lieutenant Civil & Procureur du Roi signé la minute des Présentes, demeurée vers & en la possession de Lemarchant, Commis au Greffe de la Chambre Civile & Tournelle dudit Châtelet, soussigné, *signé* LEMARCHANT.

LETTRES PATENTES
DE CONFIRMATION
DES STATUTS CI-DESSUS.

Janvier 1637.

LOUIS, par la Grace de Dieu, Roi de France & de Navarre: A tous présens & à venir, SALUT. Après avoir fait voir en Notre Conseil les Regles & Statuts nécessaires pour la Vacation & Métier de Distillateur & Faiseur d'Eau-de-Vie & d'Eau-Forte, & de tout ce qui provient de lie & bessierre de Vin pour l'utilité publique, ci-attachés sous le contre-scel de notre Chancellerie, avec l'Avis de Notre Lieutenant Civil, & de Notre Procureur au Châtelet de Paris, du 13 Octobre 1634. pour l'homologation desdits Articles & Cahiers transcrits pour l'exécution dudit Métier-Juré en notre Ville de Paris, pour être régis & gouvernés selon lesdits Articles d'Ordonnance; ensemble les Arrêts de Notre Cour de Parlement de Paris, des 7 Septembre 1624. premier Février 1631. & 11 Avril 1634. donnés entre les Exposans & les Maîtres-Vinaigriers, aussi ci-attachés: De l'Avis de Notre Conseil, AVONS CONFIRMÉ ET APPROUVÉ, Confirmons & Approuvons lesdits Articles & Statuts, pour être gardés & observés de point en point, & autant que besoin est ou seroit; Créons & érigeons par ces Présentes, signées de Notre main, ledit Art & Métier de Faiseur d'Eau-de-Vie & d'Eau-Forte, en Métier-Juré, à l'instar des autres Métiers de cette Ville de Paris, avec défenses à toutes personnes de contrevenir ausdits Articles & Statuts, à peine de tous dépens, dommages & intérêts. SI DONNONS EN MANDEMENT à Notre Prevôt de Paris, ou son Lieutenant Civil, que de nos Présentes Lettres de Confirmation & Statuts, en érection dudit Métier en Métier-Juré, ils fassent, souffrent, laissent jouir & user paisiblement & perpétuellement, sans qu'il y soit contrevenu: CAR TEL

EST NOTRE PLAISIR. Et afin que ce soit chose ferme & stable à toujours, Nous Avons fait mettre scel à cesdites Présentes, sauf en autre chose notre droit & l'autrui en tout. DONNÉ à Paris, au mois de Janvier 1637. & de notre Regne le vingt-septiéme. *Signé*, LOUIS. *Et sur le repli*, Par le Roi, DE LOMENIE. Et scellées en laps de soye, du grand Sceau de cire verte.

STATUTS

DE LA COUR DES MONNOYES,

Pour les Distillateurs d'Eau-Forte, d'Eau-de-Vie, & autres Eaux.

Du 5 Avril 1639.

PREMIEREMENT, pour empêcher les abus qui se commettent journellement par plusieurs personnes, qui, sans avoir serment à Justice, prennent la liberté de tenir chez eux des Fourneaux, & sous prétexte de Médecine, font Eau-Forte & autres Huiles, Esprits & Essences de Soufre, d'Alun, de Vitriol, de Salpêtre, & Sel Armoniac, servant à la dissolution & altération de l'or & de l'argent, & même font Eaux de Regalles, avec lesquelles ils diminuent les Monnoyes d'or, & les affoiblissent en leurs poids, tantôt d'un quart ou d'un cinquiéme, plus ou moins, sans altérer la figure. Le Métier de Distillateur d'Eau-Forte, d'Eau-de-Vie, & autres Eaux, Huiles, Essences, & Esprit, sera Juré en cette Ville, Fauxbourgs, & Banlieuë de Paris.

II.

Que les Maîtres dudit Métier seront obligés de tenir bon & fidels Régistres, contenant les noms, surnoms, demeures, & qualités de ceux ou celles à qui ils vendront de l'Eau-Forte, & iceux représenter en ladite Cour tous les mois, & toutesfois & quantes qu'il plaira à ladite Cour de l'ordonner, & ne pourront en vendre plus de deux livres à la fois, sans permission de la Cour, sinon au Maître de la Monnoye & aux Affineurs.

III.

Qu'il n'y aura que les Maîtres dudit Métier, tant en cette Ville de Paris, que Fauxbourgs & Banlieuë d'icelle. Et que nul ne pourra exercer ledit Métier, faire, ni vendre lesdites Eau-Forte, Eau-de-Vie, & autres Eaux, Huiles, Essences, & Esprits, ni tenir Fourneaux ni Ustenciles propres à ce faire, s'il n'est reçu Maître dudit Métier, fors & excepté le Maître de la Monnoye & les Affineurs, lesquels seront maintenus dans le pouvoir de faire Eau-Forte seulement.

IV.

Que ladite Cour députera de temps en temps deux des Officiers d'icelle, pour visiter les Maîtres dudit Métier, sans aucuns frais.

V.

Que lesdits Maîtres seront tenus de donner avis à ladite Cour de tous ceux qu'ils sçauront avoir Fourneaux propres à fondre en leurs maisons, ou faire lesdites Eau-Forte, Huiles, & Essences, sans permission de ladite Cour.

VI.

Que lesdits Maîtres ne prêteront leurs Fourneaux à qui que ce soit, sous prétexte de Médecine ou autrement, sauf à ceux qui en auront besoin, pour faire quelques opérations de Médecine, de se pourvoir suivant les Ordonnances, pardevers ladite Cour, pour avoir permission de faire lesdites opérations chez l'un des Maîtres dudit Métier.

VII.

Que défenses seront faites à toutes personnes de faire Eau de Régalles, servant à affoiblir les Monnoyes, sans altérer la figure.

VIII.

Qu'aucun desdits Maîtres ne pourra faire les opérations dudit Métier, ni tenir les Fourneaux à ce nécessaires, qu'en une maison seulement, qui ne soit point à l'écart, ni en lieux trop éloignés ; & qu'il sera tenu de désigner à la Cour, & même lui donner avis quand il changera de demeure pour aller faire lesdites opérations en autre lieu, & ne pourront tenir leursdits Fourneaux qu'en lieux faciles à visiter.

IX.

IX.

Qu'il y aura toujours deux Jurés & Gardes dudit métier, avec deux des plus anciens Bacheliers, ſçavoir un ancien & un nouveau, & que pour cet effet, élection ſe fera par chacun an par les Maîtres dudit métier, pardevant le Procureur Général de ladite Cour, d'un nouveau Juré Garde dudit métier, qui fera le ſerment en ladite Cour & non ailleurs, & exercera conjointement avec l'ancien ; en ſorte que chacun d'eux exercera ladite Charge du Juré l'eſpace de deux ans, & que pour la premiere fois ſeulement il en ſera élû deux, ſçavoir un pour deux ans & l'autre pour trois ans.

X.

Que les Jurés feront toutes les ſemaines leurs viſites tant ſur les riches que ſur les pauvres, & d'icelles feront bons procès-verbaux, contenant les abus & malverſations qu'ils auront trouvés, dont ils ſeront tenus faire bon & fidel rapport à ladite Cour, ſans qu'il leur ſoit loiſible s'accorder avec les contrevenans, à peine de cinquante livres d'amende pour la premiere fois, qui doublera pour la ſeconde.

XI.

Item. Les Jurés feront leurs viſites ſur tous ceux qui ſe mêlent de Diſtillations Alchymiſtes & autres perſonnes qui tiennent Fourneaux, font Eau-de-vie, Eau-forte, Eſprits, Huiles & Eſſences, forts & excepté ſur les Maîtres de la Monnoye & Affineurs, & que contre les contrevenans à ces Statuts & Réglemens, leſdits Jurés pourront faire toutes ſaiſies & tous Exploits que peuvent faire tous autres Jurés d'autres métiers en cas ſemblables, & auront leſdits Jurés le tiers des amendes & confiſcations qui proviendront des ſaiſies par eux faites, & des rapports qu'ils ſeront tenus faire à ladite Cour.

XII.

Et pour empêcher que les contrevenans à ces articles puiſſent par des conflits de Juriſdiction affectées, ſe ſouſtraire aux yeux de la Juſtice, & aux peines qu'ils auroient méritées ; que toutes cauſes, procès & différends mûs & à mouvoir pour raiſon dudit métier, circonſtances & dépendances entre les Maîtres dudit métier, Compagnons, Apprentifs ou autres perſonnes de quelque qualité ou condi- tion que ce ſoit, ſeront jugés en ladite Cour, avec défenſes à tous autres Juges d'en connoître, aux Parties de ſe pour- voir ailleurs, à peine de nullité, caſſation de procédure, & de cinq cens livres d'amende.

XIII.

Item. Que les Maîtres dudit métier ſeront tenus de travail- ler de bonne lie & beſſiere de Vin, & Vin fuſté & non ai- gre, non puant en toutes les opérations qui ſe peuvent tirer du Vin deſdites lies & beſſiere, & faire bonne gravelée, le tout conformément aux Réglemens qui ſeront ſur ce faits par ladite Cour: Et pour empêcher les abus & malverſa- tions qui ſe peuvent commettre audit métier, ſeront faites défenſes d'en faire de pied d'ébat, bierre & de lie de cidre, & à tous Diſtillateurs de les compoſer de pluſieurs drogues qui ſeront nommées ci-après; ſçavoir poivre long & rond, gingembre & autres drogues non convenable au corps hu- main, ſur peine de confiſcation deſdites marchandiſes, & de deux cens livres d'amende.

XIV.

Item. Que tous les Maîtres auront viſitation ſur toutes ſortes de marchandiſes dudit métier, qui ſeront amenées en cette Ville de Paris, tant par eau que par terre, par Mar- chands forains & autres, leſquels ne les pourront vendre, ni expoſer en vente qu'auparavant ladite viſitation n'aye été faite par leſdits Maîtres Jurés dudit métier, leſquels leſdits Marchands forains & autres ſeront tenus d'avertir, ſur peine de confiſcation deſdites marchandiſes, & de deux cens livres d'amende.

XV.

Item. Pourront leſdits Maîtres acheter de toutes ſortes de perſonnes des lies & beſſieres de Vins, & Vin fuſté, non puant & non aigre, & propre à faire de l'Eau-de-Vie.

XVI.

Item. Pour obvier aux abus & monopoles qui ſe pour- roient commettre à l'achat deſdites marchandiſes qui pour- roient être amenées en cette Ville de Paris & Fauxbourgs par les Marchands forains, auront leſdits Maîtres dudit mé- tier un Bureau commun, auquel lieu ils ſeront tenus d'ex- poſer en vente leſdites marchandiſes qui viendront de dehors, icelles préalablement visitées, devant laquelle visitation & exposition ne pourront lesdits Maîtres acheter, ni lesdits Marchands vendre icelles, à peine de confiscation desdites marchandises, & de deux cens livres d'amende.

XVII.

Item. S'il advient qu'aucun Maître dudit métier allât de vie à trépas, délaissant sa veuve, icelle veuve pourra tenir Ouvriers, & faire travailler en sa maison Ouvriers & Compagnons qui auront fait apprentissage chez les Maîtres dudit métier pendant sa viduité seulement, sans qu'il lui soit loisible d'avoir aucuns Apprentifs, sur peine de pareille amende.

XVIII.

Item. Qu'il ne sera loisible à aucunes personnes de cette Ville, Fauxbourgs & Banlieue, autres que les Maîtres, de vendre & débiter lesdites Eaux-Fortes, Eaux-de-Vie & autres Eaux, Huiles, Esprits & Essences, sur peine de confiscation desdites marchandises & ustanciles servant audit métier & travail, & de deux cens livres d'amende.

XIX.

Item. Que les Maîtres dudit métier ne pourront exiger des Aspirans à la Maîtrise plus de soixante livres lors de leur réception, pour tous les frais qu'il conviendra faire pour les affaires communes dudit métier, & huit livres pour les droits de chaque Juré.

XX.

Item. A l'avenir nul ne pourra être reçu audit métier, sinon qu'il ait été Apprentif chez un Maître par l'espace de quatre ans pour le moins, duquel tems il ne se pourra racheter, & qu'il n'ait atteint l'âge de vingt-quatre ans, & travaillé deux ans chez les Maîtres en qualité de Compagnon.

XXI.

Item. Si l'un desdits Apprentifs obligé pour ledit tems de quatre ans, s'enfuit hors du logis & service de son Maître, celui qui aura obligé ledit Apprentif sera tenu de le représenter & le rendre au service de sondit Maître, ou justifier comme il aura fait recherche d'icelui dans la Ville, Fauxbourgs & Banlieue de Paris, & faute de pouvoir par lui représenter ledit Apprentif, sera tenu de le déclarer aux Jurés dudit métier, ensemble le jour de la fuite dudit Apprentif,

& leur mettre entre les mains lesdites Lettres d'Apprentissage, pour en être par les Jurés fait bon & loyal Registre ; quoi fait, pourront lesdits Maîttes se pourvoir d'un autre Apprentif, & icelui faire obliger pour pareil tems de quatre ans. Et ne pourra aucun Maître dudit métier tenir en sa maison aucun Apprentif qui soit obligé à un autre Maître pendant le tems de son obligé, sans le consentement dudit Maître, ains sera tenu de le lui rendre & remettre entre les mains.

XXII.

Item. Seront tenus les Maîtres dudit métier en prenant Apprentifs, les faire obliger par Acte passé au Greffe de ladite Cour, pour ledit tems de quatre ans, sans discontinuation dudit service, & mettre les Lettres de ladite obligation dans trois jours pour le plus tard, à compter du jour de leur date, entre les mains des Jurés pour être par eux enregistrées.

XXIII.

Item. Les Apprentifs ne seront reçus Maîtres dudit métier, qu'ils ne sçachent lire & écrire, & seront examinés par les Jurés, après lequel examen, s'ils sont trouvés suffisans, seront reçus à faire chef-d'œuvre devant lesdits Jurés en présence de l'un des Conseillers de ladite Cour, qui sera à ce commis, lesquels après leur être apparu tant par ledit examen que par ledit chef-d'œuvre de la capacité desdits Apprentifs, & qu'ils sçachent lire & écrire, ensemble de leur Brevet d'apprentissage, qu'ils auront servi ledit tems de quatre ans, & se présenteront à ladite Cour, en laquelle ils seront de nouveau examinés avant que d'être reçus à faire le serment de Maître dudit métier.

XXIV.

Item. Que les fils de Maîtres de chef-d'œuvre qui auront servi audit métier sous leur pere, ou autres Maîtres, ne seront tenus de montrer aucune Lettre d'apprentissages pour parvenir à la maîtrise, pourvû qu'ils ayent l'âge de vingt-quatre ans, & qu'il soit apparu de leur capacité.

XXV.

Item. Nul Maître dud. métier ne pourra tenir plus d'un Apprentif, lequel sera obligé à lui pour le tems & espace de quatre ans.

LA COUR, sous le bon plaisir du Roi, a ordonné & ordonne que ces présens Réglemens tiendront lieu de Statuts & Réglemens pour le métier de Distillateur d'Eau-Forte & Eau-de-Vie & autres Eaux, Esprits, Huiles & Essences, & que les Maîtres d'icelui seront tenus de les garder & observer inviolablement à l'avenir, sans y contrevenir, en quelle maniere que ce soit. FAIT en la Cour des Monnoyes, le cinquiéme Avril mil six cens trente-neuf. Signé par Collation, DE LAISTRE.

EXTRAIT DES REGISTRES de la Cour des Monnoyes.

Du cinquiéme Avril 1639.

ENTRE Simon, Samuel, Jacques & David Dumoulin, & Pierre Gondelle Menezatt, Maîtres Distillateurs d'Eau-de-Vie & Eau-Forte & autres Eaux, Demandeurs d'une part; & les Maîtres Affineurs de cette Ville de Paris, Défendeurs & opposans d'autre. VEU par la Cour la Requête à elle présentée par lesdits Demandeurs, tendante à ce qu'il plaise à la Cour enregistrer les Lettres de Chartres du mois de Janvier 1637. & les articles y attachés, les recevoir Maîtres dudit métier, & leur donner mainlevée de leurs Fourneaux & autres Ustenciles servans à la Distillation, l'Arrêt du Conseil du 5 Octobre 1638. par lequel sur les Requêtes desdites Parties, tendantes a ce qu'il plût à Sa Majesté, pour les raisons y contenues, les renvoyer en ladite Cour, & lui attribuer toute jurisdiction & connoissance, privativement à tous autres Juges, de ce qui concerne leurdit métier de Distillateur d'Eau-Forte, Eau-de-Vie, circonstances & dépendances, & ordonne que les Lettres de Chartres du mois de Janvier 1637. portant érection de leurdit métier, y seroient registrées, avec défenses à tous autres Juges de prendre connoissance du fait d'icelle, circonstances & dépendances, & à toutes personnes de se pourvoir pour raison de ce ailleurs qu'en ladite Cour, à peine de nullité, cassation de procédures, & de tous dépens, dommages & intérêts contre les contrevenans; Sa Majesté, auroit du consentement de toutes les Parties ; renvoyé lesdites Requêtes en ladite Cour, & lui en auroit attribué toute Cour, Jurisdiction & connoissance, & icelle interdite à tous autres Juges, pour être pourvû aux Parties, ainsi qu'il appartiendra par raison, même pour l'enregistrement desdites Lettres de Chartres : Lettres de Sa Majesté attachée audit Arrêt, portant renvoi desdites Requêtes & desdites Lettres de Chartres en ladite Cour des Monnoyes, & mandement à icelle de procéder à l'enregistrement desdites Lettres de Chartres du mois de Janvier 1637. nonobstant qu'elles ne lui soient pas adressées, & qu'elles soient surannées, avec attribution de Jurisdiction & connoissance du fait desdites Requêtes & Lettres de Chartres, privativement à tous autres Juges. Autre Requête desdits Demandeurs, à ce que pour les causes y contenues, & attendu que les Supplians n'ont autre dessein que d'empêcher les abus qui se commettent journellement par plusieurs personnes, qui sans avoir serment en Justice, & au mépris des Edits, Ordonnances & Réglemens des Monnoyes, se donnent la liberté de tenir Fourneaux en leurs maisons, encore que par l'Edit du mois de Janvier 1637. il soit en termes exprès défendu à toutes sortes de personnes, sous prétexte de Médecine ou autrement, de tenir chez soi Fourneaux ni autres choses servans à fondre ou alterer les métaux, sans permission du Roi, vérifiée en la Cour, & sous prétexte de faire Eau-de-Vie & autres Eaux, fondent & alterent les métaux, ce qui ne pourroit pas être, ledit métier étant Juré, d'autant que les Maîtres d'icelui seroient sujets aux visites de ladite Cour, qui au moyen d'icelles pourront empêcher toutes malversations, & qu'ayant serment à ladite Cour, ils seront tenus de lui donner avis de tous les abus qui viendroient à leur connoissance, il plût à la Cour ordonner que lesdites Lettres du mois de Janvier 1637. portant création de leur Art de Distillateur d'Eau-Forte, d'Eau-de-Vie & autres en métier juré, seront enregistrées, pour en jouir par les impetrans suivant & conformément à icelles, & en ce faisant les faire prêter serment en tel cas requis & accoutumé, se rapportant à la Cour de voir & examiner leurs Statuts & Réglemens pour y changer, ajoûter ou diminuer, ainsi qu'ils trouveront par raison ; les Lettres de Chartres du

mois de Janvier 1637. par lesquelles Sa Majesté auroit érigé l'Art de Distillateur d'Eau-Forte, Eau-de-Vie & autres, en métier juré. Arrêt de ladite Cour du 11 Octobre 1638. portant retention de la cause entre les Demandeurs d'une part, & les Maîtres de la Monnoye de Paris, d'autre; que les Affineurs seroient appellés au premier jour, pour voir déclarer l'Arrêt commun avec eux. L'exploit de signification dudit Arrêt par Gerin Huissier, auxdits Affineurs. Autre Arrêt de ladite Cour du 4 Octobre, par lequel ledit Arrêt du 11 Octobre auroit été déclaré commun avec lesdits Affineurs. Autre Arrêt de ladite Cour du 21 Octobre, portant défaut auxdits Demandeurs contre lesdits opposans, par vertu duquel auroit été ordonné que les Demandeurs communiqueroient auxdits Défendeurs & opposans leurs Statuts & Réglemens pour en venir au premier jour. Autre Arrêt du 30 Octobre audit an, par lequel ladite Cour auroit ordonné que lesdites Parties en viendroient au lendemain de la S. Martin; & cependant fait main-levée auxdits Demandeurs de leursdits Fourneaux, à eux permis d'exercer leurdit métier par provision, & donné acte au Maître de la Monnoye de Paris, de ce qu'il n'empêchoit pas l'enregistrement desdites Lettres, à la charge que les impetrans ne le pourroient empêcher de faire des Eaux-Fortes, nécessaires pour la fonction de la Monnoye. Autre Arrêt du
dernier, portant divers délais auxdits opposans & Défendeurs. Autre Arrêt du donné à l'Audience contre lesdits Maîtres Distillateurs d'Eau-de-Vie, Eau-Forte & autres Eaux, Demandeurs d'une part: Et lesdits Maîtres Affineurs de Paris, Défendeurs & opposans d'autre; par lequel après que Me Richer Avocat pour les Demandeurs, Bluet pour lesdits Défendeurs & opposans, & le Procureur Général du Roi auroient été ouis; la Cour auroit joint ladite opposition desdits Affineurs auxdites Lettres, & ordonné qu'il seroit fait droit sur le Registre; lesdites Lettres de Chartres du mois de Janvier 1637. par lesquelles Sa Majesté auroit érigé l'Art de Distillateur en métier-juré, ensemble les Articles dudit métier, attachés auxdites Lettres: VEU lesdites pieces, & le tout considéré. LA COUR a ordonné & ordonne que lesdites Lettres de Chartres du mois de Janvier, Arrêt du Conseil

du 5 Octobre 1638. & Lettres y attachées, seront registrées au Registres d'icelle, qu'en ce faisant, ledit métier de Distillateur d'Eau-Forte, Eau-de-Vie & autres Eaux, Esprits, Huiles & Essences, sera Juré en cette Ville, Fauxbourgs & Banlieue de Paris, les Supplians reçus en icelui, faisant par eux le serment en tel cas requis & accoutumé, & que les Réglemens faits ce jourd'hui par la Cour concernant ledit métier, tiendront lieu de Statuts & Réglemens dudit métier, pour être gardés & observés de point en point. Fait en la Cour des Monnoyes le cinq Avril mil six cens trente-neuf. Signé par Collation, DE LAISTRE.

DROIT D'HOSPITAL.

6 Septembre 1659.

ARREST du Parlement rendu au profit de l'Hôpital Général, qui ordonne que chacun Maître des Corps & Communautés de tous Arts & Métiers, payera, lors de sa Maîtrise, la somme de trois livres, & chacun Apprentif, lors de son Brevet d'Apprentissage, la somme de vingt sols, & que les Receptions ne pourront être faites, ni les Maîtrises ou Brevets d'Apprentissage registrés, qu'en rapportant la quittance du Receveur dudit Hôpital, à peine par les Jurés d'en répondre en leurs noms.

EPICIERS ET MERCIERS.

Commerce de l'Eau-de-Vie.

19 Avril 1662.

SENTENCE du Châtelet confirmée par Arrêt du Parlement du 28 Février 1675. par laquelle les Marchands Epiciers, Apoticaires - Epiciers, les Merciers - Grossiers-Jouailliers, & les Maîtres Distillateurs d'Eau-de-Vie, ont été maintenus, sçavoir, les Epiciers & Apoticaires, en la faculté de vendre & débiter, tant en gros qu'en détail, de l'Eau-de-Vie, avec le droit de Visite sur l'Eau-de-Vie qui seroit amenée de dehors en la Ville de Paris, les Marchands Merciers, dans le droit de faire venir de l'Eau-de-Vie & la débiter

débiter en gros, & les Maîtres Distillateurs dans le droit de distiller & fabriquer de l'Eau-de-Vie, & la débiter dans la Ville & Fauxbourgs de Paris.

21 *Décembre* 1670.

LETTRES de Relief d'adresse au Parlement pour l'enregistrement des Lettres Patentes du mois de Janvier 1637. ci-devant énoncées.

18 *Janvier* 1674.

ARREST du Parlement portant enregistrement des Statuts de 1634, & Lettres Patentes de 1637. dont le dispositif suit.

LA COUR a ordonné & ordonne que lesdites Lettres & Statuts seront enregistrés au Greffe de la Cour, pour jouir par les Impetrans de l'effet & contenu en icelles, & être exécutées selon leur forme & teneur, à l'exception toutesfois que lesdits Distillateurs ne feront aucune visite chez les Apoticaires & Vinaigriers; pourront distiller, acheter & débiter des Eaux-de-Vie, ainsi qu'ils ont accoutumé, suivant les Arrêts & Réglemens des 11 Avril 1634. & 10 Avril 1666. comme aussi que lesdits Impetrans ne pourront faire aucunes visites sur les marchandises d'Eau-de-Vie qui seront amenées en cette Ville par les Marchands Forains, tant par eau que par terre.

COMMERCE D'EAU-DE-VIE.

14 *Août* 1674.

SENTENCE de Police, qui sur la Requête des Jurés de la Communauté des Maîtres Distillateurs & Vendeurs d'Eau-de-Vie & Eaux-Fortes, fait défenses à toutes personnes de quelque qualité, vacation & métier qu'elles soient & puissent être, à l'exception néanmoins des Maîtres Apoticaires-Epiciers & Vinaigriers, de s'immiscer ni entreprendre directement ou indirectement sur ledit métier des Distillateurs, vendre ni débiter de l'Eau-de-Vie en Boutique, à peine de confiscation & de cent livres d'amende.

C

STATUTS

Regiſtrés en Parlement le 27 Mars 1676.

ARTICLE PREMIER.

LES Maîtres Limonadiers Marchands d'Eau-de-Vie auront la faculté d'acheter, faire & vendre de l'Eau-de-Vie en gros, en détail, & même d'en faire venir des Provinces & des Pays étrangers & d'en envoyer, ainſi que bon leur ſemblera; avec prohibition à toutes perſonnes ſans qualité, & qui ne ſont point Maîtres d'une Communauté qui ſoit en droit & en poſſeſſion de vendre de l'Eau-de Vie, de faire ladite Profeſſion, d'en tenir Magaſin ou Boutique ouverte, ni d'en vendre dans leurs maiſons, ſans préjudice à ceux qui ont accoûtumé de vendre de l'Eau-de-Vie en détail par les rues, d'en expoſer & vendre ſur des Eſcabelles ou Tables, de continuer leur petit commerce, ainſi qu'ils ont fait par le paſſé, ſans pouvoir néanmoins ſe dire Maîtres, ni joüir des autres droits à eux accordés.

II.

Leur ſera auſſi permis de vendre toutes ſortes de Vins d'Eſpagne, Vins Muſcats, Vins de Saint Laurent & de la Cioutat, de la Malvoiſie, & de tous les Vins compris ſous le nom & la qualité de Vin de Liqueur; enſemble de compoſer & vendre toutes ſortes de Roſſoly, Populo, Eſprit de Vin, & autres Liqueurs & Eſſences de pareille qualité.

III.

Auront, à l'excluſion de tous autres Marchands & Artiſans, la faculté de compoſer & vendre toutes Limonades ambrées, parfumées, & autres Eaux de Gelées & Glaces, de fruits & de fleurs, même les Eaux d'Anis, de Canelle

& Franchipanne, de l'Aigre de Cedre, du Sorbec & du Caffé en grain, en poudre & en boiſſon.

IV.

Pourront auſſi vendre des Seriſes, Framboiſes & autres fruits confits dans l'Eau - de - Vie, avec des Noix confites, & Dragées en détail.

V.

En vertu de leurs Lettres de Réception de Marchands d'Eau-de-Vie, ils pourront vendre & débiter ſans prendre aucunes Lettres de Regrat, les mêmes choſes qu'ils vendoient auparavant juſqu'à préſent, en vertu deſdites Lettres.

VI.

La Communauté aura quatre Jurés qui ſeront élûs par les ſuffrages de tous les Maîtres, à la pluralité des voix, en préſence de l'un de nos Procureurs au Châtelet, le
de chacune année, & ſera par chaque année élû deux Jurés, & les deux Jurés nouvellement élûs auront ſoin du Service & de tout ce qui concerne la Confrerie.

VII.

Les Jurés auront ſoin de toutes les affaires de la Communauté avec droit de Viſite chez tous les Maîtres, leſquels ne ſeront ſujets à la viſite d'aucuns autres Gardes ou Jurés d'aucune autre Communauté.

VIII.

Les Jurés ſeront tenus faire leur Viſite chez tous les Maîtres au moins deux fois l'année, & ſera payé par chacun Maître dix ſols aux Jurés pour chacune Viſite, qui eſt à raiſon de vingt ſols par an; payeront auſſi tous les Maîtres pareille ſomme de vingt ſols par chacun an pour leur droit de Confrerie.

IX.

Aucun Aſpirant ne pourra être reçû à la Maîtriſe qu'il n'ait fait apprentiſſage pendant trois ans chez un des Maîtres de la Communauté ; & ſeront les Apprentifs obligés par Brevets en bonne forme, paſſés pardevant Notaires, & regiſtrés ſur le Livre de la Communauté, en la Chambre de l'un de nos Procureurs au Châtelet.

X

Tous les Maîtres ne pourront avoir en même tems qu'un ſeul Apprentif; pourront néanmoins avoir pluſieurs Compagnons, pour leſquels ils ſeront tenus de choiſir ceux qui auront fait leur tems d'apprentiſſage, à l'excluſion des Etrangers ; & ne pourront les Maîtres débaucher les Compagnons engagés chez les autres Maîtres, ni leur donner à travailler, ou les recevoir à leur ſervice, ſans en avoir auparavant demandé la permiſſion au Maître chez lequel ledit Compagnon étoit engagé.

XI.

La Communauté ſera compoſée de deux cens cinquante Maîtres ; & après que le nombre aura été une fois rempli, aucun ne pourra être reçû qu'il n'ait fait apprentiſſage & chef-d'œuvre : Et ſera la Communauté exempte de toutes les Lettres de Maîtriſe qui ſont par Nous accordées, deſquelles Lettres Nous déchargeons ladite Communauté, dérogeant à cet effet à tous Edits & Lettres à ce contraires, & ce en conſidération des ſommes qu'ils ont préſentement financées en nos coffres pour l'établiſſement dudit Métier.

XII.

Les Aſpirans lorſqu'ils ſeront reçûs, payeront une ſomme de douze livres à la Boëte, pour ſurvenir aux affaires de la Communauté, outre quarante ſols à chacun des Jurés pour tous droits de donner, voir faire & recevoir leſdits chefs-d'œuvres, & pour aſſiſter à la preſtation de ferment ;

avec défenſes à eux d'exiger aucuns feſtins, ni même d'en recevoir volontairement à peine de concuſſion.

XIII.

Les Fils des Maîtres & ceux qui auront épouſé les Filles de Maîtres, ſeront reçus ſans faire chef-d'œuvre, même les Fils de Maîtres, ſans avoir fait Apprentiſſage, feront ſeulement une legere expérience, & payeront demi-droit aux Jurés.

Si donnons en mandement à nos amés & féaux Conſeillers, les Gens tenans notre Cour de Parlement de Paris, Prevôt dudit lieu, ou ſon Lieutenant Général de Police, & autres qu'il appartiendra, que ceſdites préſentes ils faſſent lire, publier & regiſtrer, & icelles obſerver & garder de point en point ſelon leur forme & teneur, & leſdits Expoſans jouir & uſer pleinement & paiſiblement deſdits Statuts, contenant XIII. articles, à toujours & perpétuellement; contraignant à ce faire, ſouffrir & obéir à tous ceux qu'il appartiendra, nonobſtant tous Edits, Ordonnances, Arrêts, Réglemens, Reſtrictions, Mandemens, Défenſes & Lettres à ce contraires, auxquelles & aux dérogatoires des dérogatoires, nous avons dérogé & dérogeons par ceſdites Préſentes. Voulons qu'aux copies d'icelles collationnées par l'un de nos amés & féaux Conſeillers & Sécretaires, foi ſoit ajoûtée comme à l'original: Car tel eſt notre plaiſir. Donné à Saint-Germain en Laye, le vingt-huitiéme jour de Janvier, l'an de grace mil ſix cens ſoixante-ſeize: Et de notre Regne le trente-troiſiéme. Signé, LOUIS. Et plus bas, Par le Roi.

Colbert.

Regiſtrés, ouy & ce requerant le Procureur Général du Roi, pour être exécutés ſelon leur forme & teneur. A Paris, en Parlement, le vingt-ſeptiéme Mars mil ſix cens ſoixante-ſeize.

Signé, Jacques.

LETTRES PATENTES

Dudit jour 28 Janvier 1676.

Statuts. PORTANT confirmation desdits Statuts aussi regiſtrés en Parlement le 27 Mars audit an.

15 *May* 1676, 29 *Juillet* 1679, & *Juillet* 1681.

TROIS pieces attachées ensemble sous le contre-scel de la Chancellerie.

Statuts. La premiere, du 15 May 1676. est un Arrêt du Conseil d'Etat du Roy portant: Que les Maîtres Distillateurs & Maîtres Limonadiers Vendeurs d'Eau-de-Vie, demeureront à l'avenir unis & incorporés en un seul & même Corps de Communauté sans nulle division, sous le titre de MAISTRES DISTILLATEURS D'EAU-DE-VIE ET DE TOUTES SORTES DE LIQUEURS en la Ville, Fauxbourgs & Banlieue de Paris, & qui fait défenses aux Vinaigriers, Chandeliers, Greniers, Fruitiers, Verriers, Fayanciers, & à tous autres sans qualité, de se mêler dudit métier, ni vendre aucunes Eaux-de-Vie ou de Liqueurs, à peine de 300 liv. d'amende.

La seconde du 29 Juillet 1679. est la Commission obtenue sur ledit Arrêt.

Et la troisiéme du mois de Juillet 1681. sont des Lettres Patentes accordées sur ledit Arrêt, portant union desdits Maîtres Distillateurs & Limonadiers.

20 *Janvier*, 1 *Juillet* 1678, 1 *Août* 1680, & 15 *May* 1682.

Placiers ou Vendeurs à petites mesures. COPIE signifiée à la Communauté des Maîtres Limonadiers de quatre Arrêts du Parlement rendus entre ladite Communauté d'une part, & les pauvres Marchands d'Eau-de-Vie d'autre.

Par le premier desquels en date du 20 Janvier 1678. la Cour a maintenu les pauvres Vendeurs d'Eau-de-Vie en la possession & jouissance d'exposer & vendre en détail, à petites mesures dans les rues sur des tables & escabelles, de l'Eau-de-Vie, Noix confites & Cerises confites dans l'Eau-de-vie ; & à cet effet de poser sur lesdites tables des fontaines, tasses & flacons d'étain, leur permet d'avoir des auvents portatifs en toile cirée, pour mettre leurs étalages à couvert de l'injure du tems, sans néanmoins qu'ils puissent soûtenir Boutique, placer leurs étalages au devant des Boutiques desdits Limonadiers, ni vendre autres Liqueurs, à peine de cent livres d'amende contre les contrevenans & de tous dépens, dommages & intérêts : Fait défenses à ceux qui ont un métier d'exposer en vente & débiter de l'Eau-de-Vie, Noix, Cerises confites & autres Liqueurs sur pareille peine.

Par le second Arrêt du 1 Juillet 1678. il est permis aux Vendeurs d'Eau-de-Vie en détail & à petites mesures d'avoir sur leur petite table chacun un flacon & une fontaine, tenant chacun quatre pintes d'Eau-de-Vie, & vendre Noix confites & cerises confites dans l'Eau-de-Vie, sans néanmoins qu'ils puissent y mêler sucre & autres Liqueurs, ni en vendre, & sans que ceux qui ont quelqu'art, métier ou emploi puissent vendre de l'Eau-de-Vie, ni en faire vendre par leurs femmes, enfans, domestiques ou autres personnes pour eux.

Le troisiéme Arrêt du premier Août 1680. ordonne l'exécution des deux autres ci-dessus.

Et par le quatriéme du 15 May 1682. il est ordonné que les Limonadiers & Distillateurs ne pourront avoir ni prendre aucun droit de visite sur lesdits Vendeurs d'Eau-de-Vie à petites mesures, ne pourront être obligés d'éloigner leurs étalages des Boutiques desdits Limonadiers de plus loing de la distance de dix toises.

Distance que doivent observer les Vendeurs à petites mesures à l'égard des Boutiques des Limonadiers.

14 *Juin* 1678.

Réglement de Police concernant les Vendeurs à petites mesures.

SENTENCE de Police rendue entre la Communauté des Limonadiers, Demandeurs, & la veuve Gonbot Placiere & Colporteuse, vendant Eau de-vie à petites mesures, rue S. Honoré, Partie saisie, Défenderesse, par laquelle l'avis du Procureur du Roy a été confirmé avec dépens, ledit avis contenant que l'Arrêt du Parlement du 20 Janvier audit an 1678. sera exécuté selon sa forme & teneur ; ce faisant, défenses à ladite Défenderesse & à tous autres

Placiers, Colporteurs & Vendeurs d'Eau-de-Vie en détail, de vendre ni débiter aucune Eau-de-Vie dans laquelle *il y ait Sucre ni liqueurs*, mais seulement de l'Eau-de-Vie, & des Cerises confites en l'Eau-de-Vie, sans aucun Sucre ni Liqueurs : Que lesdits Placiers feront leurs étalages sur une petite table de deux pieds de long & un de large, défenses d'avoir aucune tasse d'argent, mais seulement des tasses d'étain; comme aussi défenses de s'arrêter, crier, ni débiter Eau-de-Vie devant & proche les Boutiques des Maîtres Distillateurs, à peine de confiscation des denrées & étalages, & de cent livres d'amende : Et pour obvier aux abus qui pourroient être commis par lesdits Placiers, Colporteurs & Vendeurs d'Eau-de-Vie en débitant de l'Eau-de-Vie, du Cidre, Bierre & autres Liqueurs, enjoint aux Jurés de visiter lesdites Eaux-de-Vie, sans pour ce prendre aucun droit, & auxdits Placiers, Colporteurs & Vendeurs d'Eau-de-Vie de souffrir lesdites Visites.

30 *Avril* 1681.

Réglement de Police pour les Assemblées de la Communauté.

SENTENCE de Police qui ordonne qu'à l'avenir les anciens qui ont exercé la Jurande, feront les seuls appellés aux Assemblées qui se feront pour les affaires ordinaires de la Communauté, & que quand il y aura des affaires extraordinaires, plus importantes, seront seulement appellés avec eux six Modernes & six Jeunes alternativement, & les uns après les autres.

17 *Mars* 1682.

Prevôté de l'Hôtel.

ARREST du Conseil rendu entre le Prevôt de l'Hôtel du Roy, & la Communauté des Maîtres Distillateurs-Marchands d'Eau-de-Vie & de toutes sortes de Liqueurs, par lequel Sa Majesté a renvoyé les contestations des Parties au Grand-Conseil sur l'appel de la Sentence de la Prevôté de l'Hôtel du 13 May 1681.

6 *May* 1682.

Contre un Distillateur Privilégié.

ARREST du Grand-Conseil rendu entre Pierre Cocquart

Cocquart l'un des deux Marchands Opérateurs, Distillateurs d'Eau-de-Vie en gros & en détail, & autres Liqueurs, Privilégié suivant la Cour, Appellant de ladite Sentence de la Prevôté de l'Hôtel dudit jour 13 May 1681. d'une part; & les Jurés des Maîtres Distillateurs Marchands d'Eau-de-Vie & de toutes sortes de Liqueurs, Intimés, d'autre. Par lequel Arrêt il a été fait défenses à Cocquart d'exercer ledit Privilége & tenir Boutique ouverte, à peine de confiscation, 300 liv. d'amende & de tous dépens, dommages & intérêts envers lesdits Jurés.

30 *Juillet* 1682.

Chimistes.

ORDONNANCE du Lieutenant Général de Police, rendue sur les remontrances du Procureur du Roy, contre les Distillateurs en Chimie.

Nota. Tout a été terminé avec eux, & il ne subsiste plus de Communauté de Chimistes.

Voyez l'Arrêt du 23 May 1746.

5 *Août* 1682.

Cour des Monnoyes.

ARREST du Parlement concernant les Elections des Jurés en la Cour des Monnoyes.

Nota. Tout est fini, & la Cour des Monnoyes ne prétend plus aucune jurisdiction sur la Communauté.

Voyez l'Arrêt du 23 May 1746.

5 *May* 1683.

Confrèrie; son établissement à S. Denis de la Chartre.

ACTE passé devant Dupuys qui en a la minute, & son Confrere Notaires à Paris, entre les Prieur & Religieux du Prieuré de S. Denis de la Chartre en la Cité de Paris, Ordre de Clugny, & les quatre Jurés lors en Charge de la Communauté des Limonadiers, tant en leurs noms que comme fondés de pouvoir par délibération du 14 Juin 1681. des autres Maîtres, ledit Acte contenant établissement de la Confrèrie de ladite Communauté dans l'Eglise dudit Prieuré de S. Denis de la Chartre, aux charges, clauses & conditions qui suivent. Sçavoir, de la part desdits Religieux, de dire & célébrer pour ladite Confrèrie chacun Dimanche de l'année au grand Autel de leur Eglise, sur les dix heures du matin, une Messe basse, où le Prêtre qui la célébrera, fera l'Eau bénite au commencement d'icelle, & l'Offrande après le *Credo*. Que tous les ans le Lundy de la Pentecôte, lesdits Religieux feront le Service solemnel pour lesdits Confreres, en commençant par l'Exposition du Très-Saint Sacrement à la fin d'une basse Messe qui se dira sur les huit heures; sur les onze heures la grande Messe avec Diacre, Soudiacre & Chantres en Chappes. Les Vêpres pareillement se diront sur les trois heures avec Célébrant & Chantres en Chappes, ensuite la Prédication, après laquelle on dira le Salut, & sera donnée la Bénédiction du Très-Saint Sacrement avec les Cérémonies & Oraisons accoutumées. Sera aussi dit & célébré un Service solemnel de même maniere que celui ci-dessus, le jour & Fête de S. Louis, en commençant par les premieres Vêpres de la veille, avec Célébrant & Chantres en Chappes, & le Mercredy d'après chacunes Fêtes de Pentecôte & S. Louis, lesdits Religieux chanteront solemnellement une grande Messe de *Requiem* pour le repos des ames des Confreres défunts en général, avec le *Libera* à la fin de ladite Messe; & le lendemain de chacune Fête de S. Louis sera pareillement célébré un Service solemnel de *Requiem* à la même intention. Pour la célébration de toutes lesquelles Messes & Service Divin, lesdits Religieux feront tenus de fournir Nappes, Aubes, Corporaux, Chasubles, Ornemens, Chappes & Tuniques, Devant d'Autel, Pain & Vin, l'Argenterie qu'ils auront, & les Ornemens Sacerdotaux nécessaires. Que les Jurés & Maîtres de ladite Confrèrie pourront mettre leur Œuvre dans le Chœur ou dans la Nef, ainsi que les autres Confrèries le font, à leur choix, le tout moyennant la somme de 100 liv. payable de quartier en quartier, les premiers Septembre, Décembre, Mars & Juin, & à la charge par la Confrèrie de fournir tous les Cierges & Luminaire nécessaires pour les Messes & autres Services ci-dessus.

Convenu qu'arrivant le décès de quelqu'un de ladite Confrèrie, les Religieux célébreront une Messe solemnelle de *Requiem* avec Diacre, Sousdiacre & Chantres en Chappes, & à la fin sera chanté le *Libera* avec l'Oraison accoutumée, moyennant trois livres cinq sols, un Cierge & une piece de trois sols six deniers pour l'Offrande; que la Confrerie fournira le Luminaire qu'il appartiendra; qu'elle l'emportera après le Service, & que les Religieux fourniront le Pain & Vin nécessaires.

30 *Juillet* 1685.

ARREST du Parlement rendu entre le Sous-fermier des petits Domaines & Lettres de Regrat de la Ville & Fauxbourgs de Paris, prenant le fait & cause de deux Regratiers, & la Communauté des Distillateurs & Marchands d'Eau-de-Vie, par lequel il est fait défenses aux Fermiers du Domaine de plus à l'avenir exprimer le débit de l'Eau-de-Vie dans les Lettres de Regrat qu'ils délivreront, à peine d'amende, dépens, dommages & intérêts, & aux Regratiers d'en vendre & débiter en quelque maniere que ce soit, à peine de 100 liv. d'amende pour chacune contravention, & condamne ledit Sous-fermier ès dépens.

Le Fermier du Domaine ne peut exprimer le débit de l'Eau-de-Vie dans les Lettres de Regrat.

16 *Février* 1689.

ARREST du Conseil qui ordonne le rapport d'un Privilége de Limonadier accordé par le Grand Prevôt de l'Hôtel.

Prevôté de l'Hôtel.

13 *Décembre* 1689.

ARREST du Conseil qui maintient les Limonadiers dans le droit d'acheter, faire & vendre de l'Eau-de-Vie en gros, en détail, & même d'en faire venir des Provinces & Pays étrangers, & d'en envoyer ainsi que bon leur semblera, avec défenses à toutes personnes sans qualité, & qui ne sont point Maîtres d'une Communauté en droit & en possession de vendre de l'Eau-de-Vie, d'en tenir Magasin ou Boutique, ni d'en faire vendre dans leurs Maisons sans préjudice à ceux qui ont accoutumé de vendre de l'Eau-de-Vie en détail par les rues, d'en exposer & vendre sur des escabelles ou tables, de continuer leur petit commerce; ordonne que les Limonadiers auront, à l'exclusion de tous autres Marchands & Artisans, la faculté de composer, &

Arrêt de Réglement entre les Epiciers & les Limonadiers.

Cet Arrêt a reçu dans la suite tant de modifications qu'il n'en subsiste plus que quelques dispositions principales.

V. l'Arrêt du 5 Juillet 1738.

vendre toutes Limonades ambrées, parfumées & autres Eaux de gelée & glaces, de fruits & de fleurs, même les Eaux d'Anis, de Canelle & Franchipane de Laigre, de Cedre, du Sorbec, & du Caffé en grain, en poudre & en boiſſon : Qu'ils pourront auſſi vendre des Ceriſes, Framboiſes & autres fruits confits dans l'Eau-de-Vie avec des Noix confites & Dragées en détail. Permet aux Apoticaires de compoſer & vendre de l'Eau d'anis & de Canelle *en remede ſeulement*, & aux Epiciers & Apoticaires-Epiciers de vendre & débiter en gros ou en détail pendant ſix mois, à compter du jour de la ſignification dudit Arrêt, le Sorbec & Caffé qu'ils ont fait venir pour leur compte, ſi mieux ils n'aiment le remettre dans un mois pour tout delai aux Limonadiers, qui ſeront tenus de le prendre en payant de gré à gré, ou ſuivant les factures qui ſeront fidellement repréſentées, ce que leſdits Epiciers & Apoticaires ſeront pareillement tenus d'opter dans huitaine, ſinon l'option référée aux Limonadiers.

4 *Juillet* 1690.

Idem. ARREST du Conſeil qui proroge de ſix mois le délay porté par celui ci-deſſus du 13 Décembre 1689. pendant lequel leſdits Epiciers & Apoticaires pourront vendre & débiter en gros & en détail, ce qui leur reſte du Caffé qu'ils ont déclaré avoir chez eux.

Premier Septembre 1690.

Réglement de Police pour la nomination des Jurés, qui fixe le nombre des Maîtres qui y doivent aſſiſter.

SENTENCE de Police qui ordonne qu'à l'avenir ſeront appellés à l'Election des Jurés-Limonadiers ceux qui ſeront Jurés en Charge, les anciens qui ont été Jurés, vingt Modernes & vingt Jeunes, qui y viendront alternativement les uns après les autres, ſuivant l'ordre du Tableau, pour donner leurs avis ſur la nomination des nouveaux Jurés.

23 *Mars* 1691.

Privilége de la Prevôté de l'Hôtel.

ARREST du Conſeil qui, en conſéquence de la révocation des Brevets & Lettres de Privilégiés ſuivant la

Cour, accordées au feu M. le Maréchal du Plessis, ordonne que le Brevet du nommé Regnault sera rapporté comme nul.

12 *Juillet* 1691.

ARREST du Conseil, portant réunion des quatre Officiers de Jurés Limonadiers créés par Edit du mois de Mars précedent, à leur Communauté, moyennant 24000 liv. de finance que l'Arrêt leur permet d'emprunter à constitution de rente, & pour le payement des arrérages desdites rentes & remboursement du principal; leur permet aussi de percevoir certains droits de visite sur les Maîtres de ladite Communauté, sur chaque Brevet d'Apprentissage & sur les Réceptions à la Maîtrise; plus de chaque Maître qui seroit élû Juré, la somme de 75 liv. & en outre de recevoir 24 personnes sans qualité, à condition qu'après lesdites rentes acquittées, les droits de visite demeureroient réduits à vingt sols par chacun an pour les quatre visites ordinaires, ceux de réception aux droits ordinaires & accoutumés, & que ceux sur les Elections de Jurés seroient entierement supprimés, conformément à la déliberation de la Communauté du 28 Juin audit an 1691.

Création & réunion des Offices de Jurés.

Droits extraordinaires desquels il ne subsiste plus que ceux de visite & de Jurande.

11 *Août* 1691.

BREF accordé à la Confrèrie des Limonadiers par le Pape Innocent XII. Signé *J. F. Cardinalis Albanus*, duquel Bref, qui est en parchemin, la traduction en François suit.

Confrèrie. Bref du Pape.

POUR mémoire perpétuelle : Comme Nous avons appris qu'il a été canoniquement érigé, ou qu'il doit être, sous l'invocation de Saint Louis Roy, dans l'Eglise de Saint Denis, vulgairement appellée de la Chartre de la Ville de Paris, une pieuse & dévote Confrèrie de Fidelles de l'un & l'autre sexe pour les Marchands Distillateurs, dont les Confreres & les Consœurs vaquent à la pratique de différentes œuvres de piété & de Charité, pour procurer de jour en jour un nouvel accroissement à ladite Confrèrie. Par la miséricorde divine & de l'autorité des Bienheureux Apôtres Pierre & Paul, NOUS accordons Indulgences plenieres à tous les Fidelles de l'un & l'autre sexe de ladite Confrèrie desdits Marchands Distillateurs qui s'y enrôleront dans la suite, & qui au jour de leur entrée étant vrayement repentans, se seront confessés, & auront participé au Saint Sacrement de l'Eucharistie. NOUS accordons de même Indulgence pleniere tant à ceux desdits Confreres & Consœurs qui s'y trouveront enrôlés, qu'à ceux qui devront l'être dans un tems, & qui à l'article de la mort, pénétrés d'un sincere repentir de leurs fautes, & s'en étant confessés, auront reçu le Saint Viatique, ou ne l'ayant pû faire, auront avec une vraie contrition, invoqué de bouche, s'ils en ont la force, ou du moins du cœur, le Nom de JESUS. NOUS accordons pareille Indulgence & remission de tous leurs péchés à tous les Confreres & Consœurs qui sont actuellement, ou qui devront être dans un certain tems de ladite Confrèrie, & qui vrayement repentans, après s'être confessés & avoir communié, visiteront dévotement depuis les premieres Vêpres jusqu'au coucher du Soleil, l'Eglise, Chapelle ou Oratoire de ladite Confrèrie le jour de la Fête du Patron qui devra être choisi pour un fois par les Confreres, & approuvé par l'Ordinaire, & qui y prieront Dieu avec ferveur pour la paix entre les Princes Chrétiens, l'extirpation des Hérésies & l'éxaltation de notre Mere la sainte Eglise. NOUS accordons en outre à tous les Confreres & Consœurs qui vrayement repentans, s'étant confessés & ayant communié, visiteront ladite Eglise, Chapelle ou Oratoire dans quatre jours de l'année, Fête ou non Fête, ou Dimanche, qui devront être choisis pour une fois par lesdits Confreres, approuvés par l'Ordinaire, & qui y prieront pour les causes énoncées ci-dessus, pour chaque jour sept années, & autant de quarantaines d'Indulgences. Chaque fois que lesdits Confreres & Consœurs assisteront aux Messes qui seront célébrées, & autres Offices Divins qui se feront suivant le tems dans l'Eglise, Chapelle ou Oratoire de ladite Confrèrie, soit pour des Assemblées publiques, soit pour des particulieres que les circonstances requiereront, chaque fois qu'ils exerceront l'hospitalité envers les pauvres, qu'ils s'employeront à reconcilier gens qui se haïssent, qu'ils auront procuré la sépulture, & assisté à celle tant de leurs Confreres & Consœurs, que d'autres personnes; qu'ils auront suivi les Processions qui se feront avec la permission de l'Ordinaire ; qu'ils auront accompagné le Saint Sacrement soit dans les Processions, soit lorsqu'on le porte aux malades, dans quelque lieu, dans quelque cas & dans quel tems que ce puisse être, ou que se trouvant embarassés au moment que la cloche avertit qu'on le porte, ils diront l'Oraison Dominicale & la Salutation Angelique, ou qu'ils le diront cinq fois pour le repos de l'ame de leurs Confreres & Consœurs décédés ; chaque fois enfin qu'ils remettront quelqu'un dans la voye du salut ; qu'ils instruiront les ignorans des principaux mysteres de la Foy & de ce qui est nécessaire pour le salut, ou qu'ils auront exercé quelqu'autres œuvres de piété & de charité qu'elle puisse être. Nous leur remettons par ces Présentes qui vaudront à perpétuité, pour chaque fois qu'ils auront fait les choses ci-dessus, soixante jours des Pénitences enjointes, autres ou dûes, de quelque espece que ce soit, suivant la forme usitée dans l'Eglise. Voulons en conséquence que s'il a été accordé ci-dvant auxdits Confreres & Consœurs quelqu'Indulgence en pareil cas pour toujours, ou pour un tems qui n'est point encore écoulé, ces Présentes soient nulles & de nul effet. Voulons pareillement que si ladite Confrèrie a déja été aggregée, ou l'est dans la suite, ou qu'elle vienne à être unie à quelque Archiconfrerie par quelque voye que ce soit, ou formée sous un nouveau plan quel qu'il puisse être, les précédentes ou tous autres Brefs Apostoliques ne leur servent aucunement, mais qu'ils soient regardés comme non impetrés. DONNÉ à Rome à Sainte Marie Majeure, sous l'Anneau du Pêcheur, le onziéme Aoust 1691. la premiere année de notre Pontificat. Signé, *J. F. CARDINALIS ALBANUS.*

18 *Août* 1692.

Vinaigriers ne peuvent confire aucuns fruits à l'Eau-de-Vie, ni vendre des Liqueurs.

ARREST du Parlement par lequel il est fait défenses aux Vinaigriers de confire des Fruits à l'Eau-de-Vie, & de composer & vendre des Liqueurs.

6 *Mars* 1693.

Privilégiés des Maisons Royales.

ARREST du Conseil, qui sur les contestations d'entre la Communauté des Limonadiers & un prétendu Privilégié Epicier, Distillateur de Madame la Duchesse d'Orleans, renvoye les Parties devant le Lieutenant Général de Police.

29 *Avril* 1693.

Apprentifs. On n'en peut avoir qu'un. Obligé de servir les Maîtres pendant trois ans en qualité de Compagnon pour pouvoir parvenir à la Maîtrise.

SENTENCE de Police, portant qu'à l'avenir aucun des Maîtres de la Communauté des Distillateurs-Marchands d'Eau-de-Vie, ne pourra avoir en même tems qu'un seul Apprentif, lequel sera résident & demeurera dans sa maison sans pouvoir s'absenter sans cause légitime, dont sera donné avis aux Jurés en Charge, à peine de 100 liv. d'amende contre chaque Maître contrevenant. QUE suivant l'article IX des Statuts de ladite Communauté, le tems d'apprentissage sera de trois ans, & qu'après ledit tems d'apprentissage expiré, les Apprentifs qui voudront parvenir à la Maîtrise, seront tenus de servir les Maîtres pendant pareil tems de trois ans en qualité de Compagnons.

23 *Octobre* 1693.

Jurés en titre d'Office n'ont plus lieu.

QUATRE provisions de Jurés Limonadiers-Distillateurs Marchands d'Eau-de-Vie, pour exercer la Jurande pendant deux années, conformément à l'Arrêt du Conseil du 12 Juillet 1691. ci-devant énoncé.

26 *Mars* 1694.

Vinaigriers ne peuvent confire fruits à l'Eau-de-Vie, composer & vendre des Liqueurs, ni prendre la qualité de Marchand.

ARREST du Parlement rendu entre les Communautés des Limonadiers & Vinaigriers, qui maintient les Limonadiers dans le droit & possession de distiller, acheter, vendre & débiter toutes sortes d'Eau-de-vie, d'en recevoir des Provinces & Pays Etrangers, & d'y en envoyer, & de confire toutes sortes de fruits à l'Eau-de-Vie. Et qui fait défenses aux Vinaigriers de les y troubler, de confire aucuns fruits avec de l'Eau-de-Vie, composer & vendre aucunes Liqueurs pour les débiter au Public, & de prendre la qualité de Marchand.

27 *Avril*

27 *Avril* 1694.

ARREST du Conseil qui maintient & garde le Corps des Marchands Epiciers dans la possession de débiter de l'Eau-de-Vie, comme par le passé.

Epiciers. Débit de l'Eau-de-Vie.

15 *Juillet* 1695.

ARREST du Parlement rendu entre la Communauté des Limonadiers & celle des Marchands Fruitiers, qui permet aux Limonadiers de faire venir des Oranges, Citrons & Bigarades pour leur commerce, & d'en vendre en détail.

Fruitiers-Orangers.

25 *Septembre* 1696.

ARREST du Conseil & Lettres Patentes sur icelui du 12 Mars 1702. par lequel il est entr'autres choses ordonné qu'en payant par la Communauté des Maîtres Distillateurs-Marchands d'Eau-de-Vie la somme de 20000 liv. d'une part pour la finance des Offices d'Auditeurs-Examinateurs des Comptes créés par Edit du mois de Mars 1694. & celle de 2000 liv. pour les deux sols pour livre, que lesdits Offices demeureront réunis & incorporés pour toujours à ladite Communauté, qui jouira des 1000 liv. de gages attribués auxdits Offices, ainsi que du Droit Royal, aussi attribué aux mêmes Offices. Et pour donner moyen à ladite Communauté de payer ladite somme de 22000 liv. Sa Majesté lui permet d'emprunter à constitution de rente. Ordonne qu'aucun Maître ne pourra obliger un nouvel Apprentif que six ans après qu'il en aura obligé un premier, & que ledit Apprentif ne pourra être obligé au-dessus de l'âge de dix-huit ans, à peine de nullité & de dommages & intérêts contre le Maître qui aura obligé l'Apprentif, & contre les Jurés qui auront approuvé le Brevet d'Apprentissage. QUE pour la réception d'un Maître de chef-d'œuvre il sera payé à l'avenir la somme de 350 liv. au profit de la Communauté, outre les frais ordinaires de Réception : Et pour celle d'un homme sans qualité, qui épousera une veuve, la somme de 600 liv. aussi, outre les droits accoutumés. Permet à ladite Communauté de recevoir

Les Limonadiers ont le droit de faire venir des Oranges, Citrons & Bigarades, & d'en vendre en détail.

Offices d'Auditeurs réunis.

Droit Royal subsiste encore.

Apprentifs. Défenses d'en obliger un nouveau qu'après six ans du dernier Brevet, & d'en admettre à l'Apprentissage au-dessus de l'âge de 18 ans.

Droits de Réceptions.

V. l'Edit de Juillet 1705.

Pauvres Maîtres.

Collusions.

Reddition des comptes un mois après la Jurande finie. Ce délay est à présent de 3. mois.

V. l'Arrêt du 15 Octobre 1748.

Lettres de Jurande au lieu de Provisions

22 Maîtres sans qualité; fait défenses aux pauvres Veuves & aux pauvres Maîtres de prêter leurs noms à des gens sans qualité pour tenir Boutique, à peine d'être déchus de la Maîtrise. Et pour leur donner moyen de vivre, ordonne qu'il leur sera payé, aux dépens de la Communauté, & par avance, la somme de 36 liv. par chacun an par forme d'aumône. Ordonne aussi que les comptes seront rendus tous les ans par les Jurés, un mois après qu'ils seront sortis de charge. Que les Elections des Jurés seront faites pardevant le Procureur du Roy au Châtelet, & iceux Jurés autorisés à exercer toutes leurs fonctions, en vertu des commissions qui leur seront par lui delivrées, sans être obligés de prendre aucunes Lettres de Provision ou de confirmation, dont Sa Majesté les a dispensés & déchargés, dérogeant pour ce regard à l'Arrêt du 12 Juillet 1691. ci-devant énoncé.

12 *Octobre* 1697.

Prevôté de l'Hôtel.

ARREST du Conseil, qui sur les contestations d'entre la Communauté des Limonadiers & un Privilégié suivant la Cour, renvoye les Parties devant le Lieutenant Général de Police.

28 *Janvier* 1698.

Epiciers. Vente de l'Eau-de-Vie & Fruits confits à l'Eau-de-Vie.

ARREST du Conseil, qui conformément à celui du 27 Avril 1694. ci-devant énoncé, maintient les Marchands Epiciers dans la possession de débiter de l'Eau-de-Vie en détail, d'en donner à boire, & vendre des fruits confits à l'Eau-de-Vie, comme ils ont fait par le passé.

22 *Avril* 1698.

Idem.

Autre ARREST du Conseil, qui ordonne que ceux des 27 Avril 1694. & 28 Janvier 1698, ci-dessus énoncés, seront exécutés selon leur forme & teneur.

23 *Avril* 1698.

Prevôté de l'Hôtel.

ARREST du Conseil, rendu entre les Limonadiers,

Demandeurs en Lettres de Réglement de Juges d'entre le Châtelet & la Prevôté de l'Hôtel, d'une part, Antoine Lacouture Maître Chandelier, Défendeur, François de Bauve, Nicolas Carré, & autres Marchands Fruitiers-Verduriers, Privilégiés suivant la Cour, Parties intervenantes; & le sieur Marquis de Sourches, Prevôt de l'Hôtel de Sa Majesté, & Grand Prevôt de France, aussi Partie intervenante, par lequel Arrêt, sans avoir égard à l'intervention dudit sieur Grand Prevôt de l'Hôtel, Sa Majesté a renvoyé les Limonadiers & ledit Lacouture pardevant le sieur Lieutenant Général de Police au Châtelet, pour y procéder entr'eux sur leurs procès & différends, suivant les derniers erremens.

28 *Juin* 1698.

Autre ARREST du Conseil, rendu entre les Limonadiers, Demandeurs, & Baptiste-Alexandre Baumont, prenant la qualité de Marchand Privilégié suivant la Cour, Défendeur, par lequel sans s'arrêter à la Sentence de la Prevôté de l'Hôtel, ni à l'Arrêt du Grand-Conseil rendu en conséquence, les Parties ont été renvoyées au Châtelet pour y proceder sur leurs Procès & differends, sauf l'appel au Parlement.

Prevôté de l'Hôtel.

24 *Octobre* 1698.

SENTENCE de Police, & Arrêt confirmatif d'icelle du 9 Avril 1699. portant que la somme de 75 liv. ordonnée être payée par chaque Maître en entrant en Jurande, suivant l'Arrêt du Conseil du 12 Juillet 1691. ci-devant énoncé, continuera d'être payée par chaque Juré lors de son Election à la Jurande. Et fait défenses aux Jurés de recevoir sans apprentissage ni chef-d'œuvre les enfans nés avant la Maîtrise de leur pere, à peine de tous dépens, dommages & intérêts, même de destitution de leur Jurande.

Jurés. Payeront 75 liv. en entrant en Jurande.

Maîtrise. Fils nés avant la réception de leur pere à la Maîtrise, ne peuvent être reçus Maîtres. V. l'Edit de 1705. & l'Arrêt de 1740.

19 *Décembre* 1698.

SENTENCE de Police rendue entre la Communauté des Limonadiers Demandeurs, & Antoine Lacou-

Privilégiés de la Prevôté de l'Hôtel.

Fruitiers Orangers.

ture Maître Chandelier à Paris, se disant aussi Marchand Fruitier Verdurier, Privilégié suivant la Cour, Partie saisie, Défendeur, qui lui fait défenses & aux Fruitiers-Verduriers suivant la Cour, de vendre de l'Eau-de-Vie en gros ni en détail, sinon en la maniere portée par le premier article des Statuts des Distillateurs, & en la forme qui se pratique par les Regratiers de cette Ville de Paris.

13 *Mars* 1699.

Eau-de Vie ne peut être faite que de Vin.

ARREST du Parlement rendu sur la poursuite des Marchands Epiciers & Apoticaires-Epiciers, & sur l'intervention des Jurés-Limonadiers, portant défenses de faire venir ni débiter à Paris d'autres Eaux-de-Vie que celles faites de vin, à peine de confiscation & de 1000 liv. d'amende.

3 *Avril* 1699.

Prevôté de l'Hôtel.

ARREST du Conseil, qui maintient Marie-Françoise Paluot en qualité de veuve de Dominique Moreau, l'un des six Apoticaires-Epiciers de Sa Majesté, sous la Charge du Grand Prevôt de l'Hôtel, prenant le fait & cause de Jean-Jacques Daumont, garçon de Boutique de ladite veuve Moreau, dans la faculté de tenir Boutique ouverte à Paris, conformément aux Lettres Patentes du mois de Janvier 1642. Arrêt du Conseil d'Etat du 13 Octobre 1644. & Lettres de Provisions du 2 Janvier 1684, & ordonne que pour sçavoir si toutes les Liqueurs saisies chez ladite veuve Moreau le 13 Septembre 1697. sont du nombre de celles que les Epiciers ont droit de vendre, suivant les Arrêts du Conseil des 27 Avril 1694. 28 Janvier & 22 Avril 1698. ci-devant énoncés, les Parties procéderont devant le sieur Lieutenant Général de Police au Châtelet.

10 *Juillet* 1699.

Apoticaires-Epiciers suivant la Cour. Contravention.

SENTENCE de Police rendue en exécution de l'Arrêt du Conseil du 3 Avril audit an, ci-dessus énoncé, qui déclare la saisie faite sur ledit Baumont par les Limonadiers, bonne & valable, & ordonne que les bouteilles remplies de Liqueurs ; feront vendues au Bureau de la Communauté des Limonadiers. Fait défenses à ladite veuve Moreau & à tous autres Apoticaires & Epiciers de vendre de pareilles Liqueurs, à peine de confiscation & d'amende, & leur permet seulement de vendre des Eaux très-pures, ou dans lesquelles des fruits ont été confits, conformément aux Arrêts du Conseil des années 1694. & 1698. ci-devant énoncés.

2 *Juin* 1699.

SENTENCE de Police confirmée par Arrêt du Parlement du 15 Juillet audit an, qui fait défenses à tous Maîtres qui ont servi les autres Maîtres Limonadiers en qualité de Compagnons, de s'établir en la même rue que dans la distance de vingt maisons, ou dans une rue différente, comme aussi d'avoir les mêmes plafonds, étalages & ornemens de Boutique, en sorte que la leur ne puisse être prise pour celle de leur Maître.

Compagnons. Ne peut s'établir dans la même rue du Maître d'où il sort, que dans la distance de vingt maisons, & ne peut avoir les mêmes Etalages.

21 *Janvier* 1701.

SENTENCE de Police rendue entre la Communauté des Limonadiers, Demandeurs d'une part, Charles Pageart & sa femme, Parties saisies, Défendeurs, & entre Joseph Protin, Maître Distillateur-Limonadier, prenant le fait & cause des Défendeurs, d'autre part, qui fait mainlevée audit Protin de la saisie, en affirmant par lui que les choses saisies lui appartiennent, & qu'il ne prête point son nom auxdits Pageart & sa femme, & que c'est lui qui tient la Boutique, lui donne Lettres de l'affirmation par lui faite, & lui fait défenses de plus se servir desdits Pageart & sa femme, lui enjoint de les mettre hors de sa maison, & de ne se pouvoir servir doresnavant d'aucun Compagnon qu'il n'ait été agréé des Jurés de la Communauté.

Collusion.

15 *Janvier* 1703.

ARREST du Conseil qui permet à la Communauté des Limonadiers pour payer l'enrollement des quatorze

Maîtres extraordinaires.

Soldats qu'elle a dû fournir en exécution de l'Ordonnance de Sa Majesté du 10 Décembre 1701. de recevoir deux Maîtres qui n'auront point fait d'apprentissage, & qui payeront du moins la somme de 1400 liv.

30 *Janvier* 1703.

Trésorier Receveur des deniers de la Communauté, réuni aux gages de 440 liv. par an.

ARREST du Conseil par lequel le Roy accepte les offres des Maîtres Limonadiers, & en conséquence ordonne qu'en payant par eux la somme de 22728 liv. ils seront maintenus & confirmés en l'hérédité de leurs Offices de Jurés-Syndics & d'Auditeurs de leurs comptes : Que l'Office de Trésorier, Receveur & Payeur de leurs deniers communs, sera & demeurera pour toujours uni & incorporé à leur Communauté, & qu'ils jouiront des droits, priviléges & exemptions y attribués, & en outre de 440 liv. de gages par an.

14 *Juillet* 1704.

Chimistes.

ARREST du Conseil rendu entre les Jurés-Limonadiers Demandeurs d'une part, Estienne Tiercelin, se disant Maître Distillateur de toutes sortes d'Eaux Fortes, Esprits, Sels, Essences & autres choses concernant ledit Art, Défendeur d'autre part, & le Procureur Général de la Cour des Monnoyes, Défendeur & Demandeur aussi d'autre part, par lequel les Parties ont été renvoyées au Châtelet pour y procéder suivant les derniers erremens sur leurs procès & differends, comme auparavant les Arrêts de la Cour des Monnoyes y dattés, avec défenses aux Distillateurs Marchands d'Eau-de-Vie de faire autre distillation que celle de l'Eau-de-Vie & de l'Esprit de Vin, sauf à être choisi entr'eux le nombre nécessaire pour la distillation & confection des Eaux fortes, lesquels ne pourront y travailler qu'en vertu de permission de Sa Majesté.

Décembre 1704.

Suppression de la Communauté des Limonadiers & création de 150 Privilèges.

EDIT portant suppression des Communautés de Limonadiers Marchands d'Eau-de-vie & autres Liqueurs établis tant en la Ville de Paris que dans les autres Villes du Royaume, & création de 150 Privileges héréditaires de Marchands Limonadiers Vendeurs d'Eau-de-Vie, Esprit de Vin & Liqueurs à Paris, ledit Edit registré en Parlement le 9 Janvier 1705.

Juillet 1705.

Autre Edit registré en Parlement le 22 du même mois, qui révoque celui cy-dessus du mois de Décembre 1704. & ordonne que la Communauté des Limonadiers Marchands d'Eau-de-Vie sera & demeurera rétablie en l'état qu'elle est, & en conséquence que les Statuts des Distillateurs du 13 Octobre 1634. l'Arrêt du Conseil portant réunion des deux Communautés de Distillateurs & Limonadiers du 15 May 1696. ensemble les Statuts des Limonadiers confirmés par Lettres Patentes du 28 Janvier 1676. seront exécutés selon leur forme & teneur; ce faisant, que lesdits Maîtres auront, à l'exclusion de tous autres, la faculté de vendre toutes les Liqueurs composées d'Eau-de-Vie, d'Esprit de Vin, Françoises & Etrangeres, & fruits confits aussi à l'Eau-de-Vie; comme aussi de vendre seuls le Caffé brûlé, en poudre & en boisson, de fabriquer & vendre le Chocolat en tablettes & rouleaux, & de donner seuls de l'Eau-de-Vie à boire dans leurs Boutiques. Fait défenses aux Apoticaires, Vinaigriers, Epiciers & à tous autres ayant Boutiques, de vendre & débiter du Caffé brûlé, en poudre & en boisson, ni aucunes Liqueurs & Fruits confits à l'Eau de Vie, même de fabriquer & vendre du Chocolat en tablettes & rouleaux, & de donner de l'Eau-de-Vie à boire dans leurs Boutiques, à peine de 300 liv. d'amende, moitié au profit de l'Hôpital général, & l'autre moitié au profit de la Communauté des Limonadiers. Fait aussi défenses, sous semblables peines, à tous particuliers, François ou Etrangers, de tenir Boutiques pour le débit des choses cy-dessus, dans la Ville de Paris, Fauxbourg Saint Antoine & autres Fauxbourgs de ladite Ville, soit dans les Palais de Sa Majesté, ou dans les Hôtels & Maisons particulieres, au Temple ou dans les Colleges, Abbayes, Communautés

Rétablissement de la Communauté des Limonadiers.

Réglement entre les Limonadiers, les Epiciers & Vinaigriers, qui a depuis souffert différentes modifications. V. l'Arrêt de 1738.

& autres lieux prétendus privilégiés, nonobstant tous Arrêts à ce contraires, auxquels Sa Majesté a dérogé par ledit Edit, qui permet aux Jurés & Gardes de ladite Communauté de faire leurs visites dans tous lesdits lieux, en se faisant assister d'un Commissaire pour saisir les marchandises, & en faire ordonner la confiscation au profit de ladite Communauté. Comme aussi révoque les Priviléges qui pourroient avoir été accordés par Sa Majesté pour tenir Boutique de Limonadiers, sauf aux particuliers à se faire recevoir Maîtres de ladite Communauté.

Réglement pour les Privilégiés

Ordonne que ceux desdits Maîtres ou Veuves qui ne pourront tenir Boutique ouverte, seront déchus de leurs Maîtrises, à la charge par ladite Communauté de leur rembourser la finance qu'ils pourroient avoir payée à Sa Majesté, au lieu & place desquels seroient reçus d'autres Maîtres.

Honorifiques pour les Jurés.

Pourront les Jurés & Gardes de ladite Communauté porter la Robe & la Toque dans leurs visites, ainsi que les autres Marchands,

Dispense de la visite des Epiciers.

sans que ci après lesdits Limonadiers puissent être sujets à la visite des Gardes Epiciers & des autres Communautés, dont Sa Maiesté les dispense, nonobstant tous Arrêts à ce contraires, auxquels est pareillement dérogé par ledit Edit.

Le tout à la charge par lesdits Limonadiers de payer au Roy, suivant leurs offres, la somme de 200000 liv. & les deux sols pour livre en neuf payemens égaux de trois en trois mois, &c. Et en considération de ce que dessus, Sa Majesté décharge lesdits Limonadiers Marchands d'Eau-de-vie, du droit de poids & mesures, même de l'établissement d'un Greffier pour ladite Communauté, en exécution des Edits des mois de Janvier & Août 1704. comme aussi les décharge de la revision des comptes ci-devant rendus à ladite Communauté.

300 liv. pour la réception des fils des anciens.

Les filles 500 l. si elles épousent un Etranger.

Les fils de Maîtres qui n'ont point passé les Charges 500 liv. & les filles, dans le même cas, 700 liv.

Et pour donner moyen à ladite Communauté d'acquitter les rentes qu'elle pourra constituer pour fournir ladite finance de 220000 liv. Sa Majesté ordonne qu'à l'avenir les fils des anciens qui sont nés dans la Maîtrise, dont les peres auront passé par les charges, payeront la somme de 300 liv. pour être Maîtres en ladite Communauté, & les filles la somme de 500 liv. si elles épousent un étranger; que si au contraire les peres n'ont point passé par les Charges, les fils

fils payeront 500 liv. & les filles 700 liv. & à l'égard des enfans qui ne sont pas nés dans ladite Maîtrise, ils payeront comme les Etrangers, comme aussi que les Veuves des Maîtres qui se marieront payeront pour leur mari comme pour un Etranger. Que les Apprentifs ne pourront être à l'avenir reçus à l'Apprentissage qu'en payant 800 liv. outre les frais accoûtumés, & 30 liv. pour le Brevet d'Apprentissage. Que ceux qui ont passé par les Charges pourront être de nouveau élus Jurés & Gardes, auquel cas ils ne seront obligés que de payer les frais de la Commission.

Les fils nés avant la Maîtrise de leur pere, doivent payer comme les Etrangers.

Idem. pour les Veuves qui se remarient.

Apprentifs 800 liv. & 30 liv. pour le Prevôt.

Ceux qui ont passé par les Charges, peuvent de nouveau être élûs Jurés.

Que les Maîtres de ladite Communauté seront tenus de payer 25 liv. à la premiere ouverture de leurs Boutiques. Que lorsque les Maîtres qui ont été absens reviendront pour ouvrir leurs Boutiques, ils seront tenus de payer le droit de Visite du passé. Et enfin que pour l'exécution dudit Edit, ensemble des Statuts des Limonadiers, les Parties se pourvoiront pardevant le Lieutenant Général de Police au Châtelet, & par appel au Parlement de Paris, auxquels Sa Majesté attribue toutes Cours & Jurisdictions, & icelles interdit à ses autres Cours & Jurisdictions.

Droit de 25 liv. pour l'ouverture de Boutique.

Droit de visite dû par les absens, revenant.

Du 8 Septembre 1705.

ARREST du Conseil, rendu sur les Requêtes & Mémoires des Marchands Epiciers-Apoticaires d'une part, par lesquels ils demandoient que l'Edit ci-dessus du mois de Juillet 1705. fut révoqué, en ce que par icelui les Marchands d'Eau-de-Vie & de toutes sortes de Liqueurs & Distillateurs avoient par exclusion à tous autres Marchands, la faculté de vendre toutes Liqueurs composées d'Eau-de-Vie, & Esprit de Vin, &c. même de donner à boire de l'Eau-de-Vie dans leurs Boutiques, &c.

Epiciers & Vinaigriers. Interprétation de l'Edit de 1705.

Sur la Requête des Maîtres Vinaigriers, d'autre part, tendante aussi à ce que ledit Edit fut révoqué, en ce que par icelui ils étoient pareillement exclus de donner de l'Eau-de-Vie à boire dans leurs Boutiques.

Et sur la Requête des Marchands d'Eau-de-Vie, encore d'autre part, tendante à ce que ledit Edit fut exécuté selon sa forme & teneur.

Par lequel Arrêt Sa Majesté a ordonné que ceux des

Droit de 75 liv. dû par chaque Juré.

Marchands d'Eau-de-Vie qui seroient élus Jurés-Gardes, seroient tenus de payer la somme de 75 liv. avant qu'ils pussent faire aucune fonction. A permis aux Marchands Epiciers-Apoticaires, aux Vinaigriers, & autres qui voudroient donner à boire de l'Eau-de-Vie & Liqueurs dans leurs Boutiques, de se faire recevoir Marchands d'Eau-de-Vie dans trois mois, à compter du jour dudit Arrêt; Et Sa Majesté a déclaré n'entendre empêcher que les Marchands Epiciers ne continuassent de vendre de l'Eau-de-Vie, tant en gros qu'en détail, ni qu'à l'occasion de ladite Vente ils n'en donnassent à gouter par essai à ceux qui en marchanderoient dans leurs Boutiques ou Magasins, le tout sans fraude, & sans qu'ils puissent sous ce prétexte avoir dans leurs Boutiques aucuns Barils, Fontaines, Tasses, ou petits Verres pour donner à boire de l'Eau-de-Vie.

Défenses aux Epiciers de vendre de l'Eau-de-Vie à petits verres.
La faculté leur en a été accordée par la Déclaration de 1705. ci-après.

Du 23 Octobre 1705.

Epiciers.
Condamnation pour avoir donné de l'Eau-de-Vie à boire à petits verres.

Vingt-quatre Sentences de Police, du même jour, qui ordonnent l'exécution de l'Edit du mois de Juillet, & de l'Arrêt du Conseil, du 8 Septembre audit an 1705. ci-dessus énoncés, & pour la contravention faite à iceux par les Marchands Epiciers y dénommés, trouvés donnant à boire de l'Eau-de-Vie en leurs Boutiques, les condamnent en une amende envers le Roi, en des dommages & intérêts envers les Jurés Distillateurs, & aux dépens, & leur fait défenses de récidiver sur plus grande peine.

Du 24 Novembre 1705.

Epiciers & Vinaigriers.
Interprétation de l'Editde 1705.
Rétablissement du débit de l'Eau-de-Vie pour les Epiciers & Vinaigriers.

DÉCLARATION du Roi, par laquelle il a été ordonné que les Epiciers & Vinaigriers continueroient de vendre de l'Eau-de-Vie en détail, même qu'ils pourroient en donner à boire dans leurs Boutiques, comme ils faisoient avant l'Edit du mois de Juillet, sans néanmoins que ceux à qui ils donneroient à boire de l'Eau-de-Vie puissent s'attabler dans les Boutiques desdits Epiciers & Vinaigriers, ni que ladite faculté pût avoir lieu qu'à l'égard des Epiciers & Vinaigriers qui seroient reçus Maîtres. Au surplus, les Maîtres Limonadiers Distillateurs, & Marchands d'Eau-de-

Vie, ont été maintenus, à l'exclusion de tous autres, dans la faculté de vendre toutes Liqueurs composées d'Eau-de-Vie & Esprit de Vin, Françoises & Etrangeres, & fruits confits aussi à l'Eau-de-Vie; ensemble le Caffé brûlé, en poudre & en boisson, comme aussi de fabriquer le Chocolat en tablettes & rouleaux, avec défenses aux Apoticaires, Vinaigriers, Epiciers, & à tous autres ayant Boutiques, de vendre & débiter du Caffé brûlé en poudre ou en boisson, ni aucunes Liqueurs & fruits confits avec de l'Eau-de-Vie, même de fabriquer & vendre du Chocolat en tablettes & rouleaux, à peine de 300 liv. d'amende, applicable moitié au profit de l'Hôpital Général, & l'autre moitié au profit des Maîtres Limonadiers.

Le surplus de cette Déclaration a été modifié par l'Arrêt du Parlement de 1738. ci-après.

Du 29 Décembre 1705.

ARREST du Conseil, qui décharge la Communauté des Limonadiers du payement des droits attribués aux Offices, créés par Edit du mois d'Octobre 1705. de Visiteurs & Contrôleurs de toutes sortes d'Eaux de la Reine d'Hongrie, & autres composées avec de l'Eau-de-Vie ou distillées, ensemble de tous Syrops & Essences.

Offices de Visiteurs & Contrôleurs des Liqueurs.

Septembre 1706.

EDIT régistré au Parlement, portant de nouveau suppression de la Communauté des Marchands d'Eau-de-Vie, rétablie par Edit du mois de Juillet 1705. & création de 500 Privileges héréditaires de Marchands d'Eau-de-Vie, Esprit de Vin, & de toutes sortes de Liqueurs, dans la Ville & Fauxbourgs de Paris, lesquels privilégiés feroient Communauté; par lequel Edit il est fait défenses aux Epiciers & Vinaigriers de donner à boire de l'Eau-de-Vie chez eux à l'avenir, même sans s'attabler, auquel effet Sa Majesté a dérogé par ledit Edit à sa Déclaration du 24 Novembre 1705. ci-devant énoncée.

Deuxiéme suppression de la Communauté des Limonadiers & création de 500 Privileges.

Du 23 Mars 1708.

SENTENCE de Police, rendue entre Martin Dupuy,

Garçons Limonadiers.

Marchand Limonadier, Demandeur d'une part; Guillaume Marion, aussi Marchand Limonadier, & Etienne François, son Garçon, Défendeurs d'autre part, par laquelle Sentence il est fait défenses à tous Maîtres Distillateurs de prendre aucun Garçon sans avoir le Congé du Maître d'où il quittera le service, & auxdits Garçons de quitter le service des Maîtres sans les en avertir.

Du 14 *Décembre* 1708.

Regrat. Le Fermier ne peut inserer dans les Lettres de Regrat le débit de l'Eau-de-Vie.

SENTENCE de Police, rendue entre les Marchands Limonadiers, Demandeurs d'une part, & le Sous-Fermier du Domaine d'autre part, par laquelle Sentence il est ordonné que ledit Sous-Fermier sera tenu de réformer ses Lettres de Regrat, & d'en retrancher la vente & débit de l'Eau-de-Vie, & ce conformément à l'Arrêt du Parlement du 30 Juillet 1685. ci-devant énoncé.

Novembre 1713.

Dernier rétablissement de la Communauté des Limonadiers en l'état où elle est.

Edit du Roi, enrégistré au Parlement, portant rétablissement de la Communauté des Limonadiers de Paris, laquelle avoit été supprimée par autre Edit du mois de Septembre 1706. ci-devant énoncé.

Duquel Edit du mois de Novembre 1713. la teneur suit.

LOUIS, par la grace de Dieu, Roi de France & de Navarre: A tous présens & à venir, SALUT. Par notre Edit du mois de Décembre 1704. Nous avons supprimé la Communauté des Limonadiers de Notre bonne Ville de Paris, & avons ordonné à tous les Maîtres qui la composent de fermer leurs Boutiques dans le premier Avril lors prochain, avec défenses de vendre de l'Eau-de-Vie, Esprit de Vin, & autres Liqueurs, à peine contre les contrevenans de mille livres d'amende, confiscation des Marchandises & Ustenciles servans à leur Profession, sauf à pourvoir au remboursement des sommes qui nous auroient été payées par ladite Communauté, au lieu de laquelle Nous avons par le même Edit créé cent cinquante Priviléges héréditaires de Marchands Limonadiers, Vendeurs d'Eau-de-Vie, Esprit de Vin & autres Liqueurs, pour, à l'exclusion des Limonadiers & de tous autres, exercer ladite Profession; mais lesdits Maîtres Limonadiers nous ayant fait supplier de rétablir ladite Communauté aux offres de nous payer la somme de deux cens mille livres, outre & par-dessus celle de cent-une mille livres, qu'ils nous auroient ci-devant payée en exécution de nos précédens Edits; Nous avons accepté lesdites offres; & en conséquence, Nous avons révoqué l'Edit du mois de Décembre 1704. par autre Edit du mois de Juillet 1705. en exécution duquel ladite Communauté a payé la somme de soixante-treize mille trois cens trente-trois livres six sols huit deniers, à Me Jean Lescuyer, chargé de l'exécution de l'Edit du mois de Décembre 1704. & celle de vingt-quatre mille livres, pour employer aux travaux de la Riviere d'Eure; & comme ledit Lescuyer nous auroit fait proposer de créer cinq cens Priviléges au lieu de cent cinquante créés par l'Edit du mois de Décembre 1704. Nous avons par notre Edit du mois de Septembre 1705. révoqué celui du mois de Juillet 1705. & supprimé de nouveau la Communauté des Marchands d'Eau-de-Vie, au lieu de laquelle Nous avons créé dans notre bonne Ville de Paris, cinq cens Priviléges héréditaires desdits Marchands d'Eau-de-Vie, Esprits de Vin, & toutes sortes de Liqueurs, avec faculté aux Acquereurs desdits Priviléges d'y vendre lesdites marchandises & Liqueurs, à l'exclusion de tous autres; mais comme Nous avons été informé que ledit Lescuyer chargé pareillement de l'exécution de ce dernier Edit, n'a pû jusqu'à présent vendre que cent trente-huit desdits cinq cens Priviléges, dont vingt-un ont été acquis par des Marchands Epiciers & des Maîtres Vinaigriers, quarante-cinq par des Particuliers sans qualité, soixante-douze par des Maîtres de ladite Communauté supprimée; sur la vente desquels Priviléges ledit Lescuyer n'a fourni en notre Trésor Royal que cent six mille huit cent soixante-quinze livres; & que d'ailleurs ladite Communauté n'avoit pû jouir de l'effet de l'Edit dudit mois de Juillet 1705. attendu la concurrence demandée par les Marchands Epiciers & Maîtres Vinaigriers pour la vente de l'Eau-de-Vie en détail, & pour en donner à boire dans leurs Boutiques : laquelle concurrence leur a été accordée par notre Déclaration du 24 Novembre 1705. nonobstant l'exclusion portée par ledit Edit, duquel ils n'ont tiré aucun avantage, ce qui les a obligé de se pourvoir pardevers Nous, pour obtenir le remboursement des sommes par eux payées en vûe de ladite exclusion, qui ne peut avoir lieu, à quoi ils ajoûtent que leur Communauté, quoiqu'absolument détruite par ces différens changemens, se trouve néanmoins livrée à la poursuite de divers Créanciers, qui prétendent avoir action sur les biens propres & particuliers de chacun des Maîtres anciens & nouveaux, dont ladite Communauté étoit composée; toutes lesquelles considérations Nous ont porté à la rétablir dans l'état où elle étoit avant l'Edit de 1704. & même de la tenir quitte de la somme de trente-neuf mille sept cens quatre-vingt-onze livres qu'elle Nous devoit encore, de celle de deux cens vingt mille livres, à laquelle elle étoit obligée envers Nous, par notre Edit du mois de Juillet 1705. A ce causes & autres à ce nous mouvans, de notre certaine science, pleine puissance & autorité Royale, Nous avons par notre Edit perpétuel & irrévocable, révoqué & révoquons celui du mois de Septembre 1706. & ordonnons que notre Edit du mois de Juillet 1705. & notre Déclaration rendue en conséquence le 24 Novembre suivant, seront exécutés selon leur forme & teneur; ce faisant, Ordonnons que la Communauté des Maîtres Limonadiers, Vendeurs d'Eau-de-Vie, Esprit de Vin & autres Liqueurs, sera & demeurera rétablie comme elle étoit avant notre Edit de 1704. Voulons qu'ils soient déchargés, comme par le présent Edit Nous les déchargeons & tenons quittes de ladite somme de trente-neuf mille sept cens quatre-vingt-onze livres, qui reste à payer de celle de deux cent mille livres, & des deux sols pour livre en exécution de l'Edit du mois de Juillet 1705. sauf à recevoir ledit Lescuyer, à compter de clerc à maître, des sommes qu'il a tirées de la vente de partie des cinq cens Priviléges créés par nos Edits des mois de Novembre 1704. & Septembre 1706. Voulons que huitaine après l'enregistrement de notre présent Edit, il soit procédé à l'élection de nouveaux Jurés-Gardes de ladite Communauté, par lesdits Maîtres Distillateurs anciens & nouveaux; en la forme, ainsi qu'il se pratiquoit avant notre Edit du mois de Décembre 1704. Voulons aussi que les Marchands Epiciers, Maîtres Vinaigriers, particuliers sans qualité ou anciens Maîtres de ladite Communauté des Limonadiers qui ont acquis des Privileges du nombre de cinq cens, créés par Edit du mois de Septembre 1706. soient tenus d'en représenter les Quittances de Finances aux Jurés nouvellement élûs, & ceux d'entr'eux qui n'ont pas encore lesdites Quttances de se pourvoir par-devers ledit Lescuyer, à l'effet de la conversion de ses Récepissés en Quittance de Finance, pour être ensuite les unes & les autres visées par lesdits Jurés, & en être dressé un état qui sera remis au Lieutenant Général de Police & de lui paraphé, afin que le montant desdites Quittances demeure fixe: Ordonnons que jusqu'au remboursement de ce que les Epiciers ou Vinaigriers ont payé tant en principal, que de deux sols pour livre sur les prix desdits Priviléges, ils puissent les exercer librement, & jouir de toutes les prérogatives qui leur sont attribuées par leur Edit de création & Arrêts rendus en conséquence, si mieux ils n'aiment que la Communauté des Limonadiers leur en fasse la rente. Ordonnons pareillement que les Priviléges acquis par des Particuliers sans qualité, leur tiennent lieu de Maîtrise, si mieux ils n'aiment que la Communauté leur fasse la rente des sommes que lesdits Priviléges leur ont coûté, tant en principal que deux sols pour livre jusqu'au parfait remboursement, & quant aux anciens Maîtres Limonadiers-Distillateurs qui ont acquis quelques-uns desdits Priviléges, Voulons qu'ils les remettent incessamment entre les mains desdits Gardes-Jurés nouvellement élûs qui s'obligeront envers chacun d'eux au nom de la Communauté, à leur payer la rente des sommes principales & deux sols pour livre que leur ont coûté lesdits Priviléges, lesquels en conséquence de ladite obligation, seront rapportés au Lieutenant Général de Police & par lui bâtonés: & pour faciliter le payement desdites rentes & des autres sommes que ladite Communauté des Limonadiers a été obligée d'emprunter pour notre service: Ordonnons que conformément à la Délibération du quinze Avril 1711. laquelle nous avons homologuée & homologuons par ces présentes, chacun des Maîtres de ladite Communauté, anciens ou nouveaux reçus & à recevoir, même ceux sans qualité, à qui lesdits Priviléges tiendront lieu de Maîtrise, ayent à payer, outre les droits de visite accoutumés, dix sols par chacune semaine; & que faute d'avoir payé ladite redevance de semaine, ils y seront contraints à l'échéance de la demie année, comme pour nos propres deniers & affaires, à condition néanmoins que ladite redevance, du montant de laquelle les Jurés & Gardes compteront d'année en année pardevant le Lieutenant Général de Police, cessera d'être payée après que les dettes de ladite Communauté auront été entierement acquittées, tant en principal qu'intérêts & frais, & qu'elle sera diminuée à proportion desdits payemens. N'entendons déroger par le présent Edit à celui du mois de Décembre 1704. ni à celui du mois de Décembre 1706. en ce qui concerne la création des Priviléges héréditaires des Marchands Limonadiers, Vendeurs d'Eau-de-Vie & Esprits de Vin, & autres Liqueurs, pour les Villes principales des Provinces de notre Royaume autres que Paris, au nombre qui sera jugé nécessaire, suivant les Rôles qui en seront arrêtés en notre Conseil; lesquels deux Edits Nous voulons être exécutés chacun à leur égard: Si donnons en Mandement, à nos amés & féaux Conseillers les Gens tenans notre Cour de Parlement, Chambre des Comptes & Cour des Aydes à Paris, que notre présent Edit ils ayent à faire lire, publier & enregistrer, & le contenu en icelui, suivre, garder, observer & exécuter selon sa forme & teneur; cessant & faisant cesser tous troubles & empêchemens qui pourroient être mis ou donnés, nonobstant tous Edits, Déclarations, Réglemens, Arrêts & autres choses à ce contraires, ausquelles nous avons dérogé & dérogeons par notre présent Edit; aux copies duquel collationnées par l'un de nos amés & féaux Conseillers-Secretaires, Voulons que foi soit ajoûtée comme à l'original: Car tel est notre plaisir, & afin que ce soit chose ferme & stable à toujours, Nous y avons fait mettre notre Scel. Donné à Versailles au mois de Novembre, l'an de grace mil sept cens treize, & de notre Regne le soixante-onziéme. *Signé*, LOUIS, *Et plus bas*, Par le Roi, PHELYPEAUX,

Visa,

Visa, PHELYPEAUX. Vû au Conseil, DESMARETZ. Et scellé du grand Sceau de cire verte, en lacs de soye rouge & verte.

Registré, oüi & ce requerant le Procureur Général du Roi, pour être exécuté selon sa forme & teneur, suivant l'Arrêt de ce jour. A Paris en Parlement le vingtiéme Décembre mil sept cens treize. Signé, DONGOIS.

3 *Septembre* 1718.

Suisses de maisons privilégiées.

ARREST du Conseil, qui sur les contestations d'entre la Communauté des Limonadiers & plusieurs Suisses de la Garde de M. le Duc d'Orleans, de M. & de Mme de Berry, de l'Envoyé de Dannemark, d'un des Cent-Suisses du Roy, & d'un Suisse de la Colonelle des Gardes, renvoye les Parties au Châtelet.

17 *Février* 1720.

Idem.

Autre ARREST du Conseil, rendu entre les Jurés Limonadiers, Demandeurs en Réglement de Juges d'une part, & les nommés Musnier & Rhodes, Suisses de la Garde de Son Altesse Royale Monseigneur le Duc d'Orleans, Regent, Parties saisies, d'autre part; par lequel les Parties ont été renvoyées au Châtelet de Paris, & par appel, au Parlement, pour y proceder sur leurs procès & differends, comme auparavant l'Arrêt du Conseil y daté, & condamne ledit Musnier & Rhodes aux dépens.

20 *Décembre* 1720.

Maîtres Limonadiers ne peuvent avoir Echope séparée de leurs Boutiques.

SENTENCE de Police rendue entre les Jurés Limonadiers, Demandeurs d'une part, & Jean-Baptiste Nochet Maître Limonadier & sa femme, Défendeurs d'autre part: Qui fait défenses auxdits Nochet & sa femme d'avoir à l'avenir une Echope sur le Quay des Augustins, leur enjoint de l'ôter, sinon permet aux Demandeurs de la faire ôter & enlever aux frais & dépens desdits Défendeurs, auxquels il est fait défenses par ladite Sentence de plus à l'avenir faire colporter par leurs Domestiques aucunes marchandises dependantes de leur Métier, leur enjoint de se retirer dans leur Boutique, & les condamne aux dépens.

27 *May* 1721.

Droit de Visite & de Confrèrie.

AVIS de M. le Procureur du Roy au Châtelet, confirmé par Sentence de Police du 27 Juin audit an, qui condamne la veuve Marchands Maîtresse Limonadiere, à payer trois livres pour une année du droit de Visite & de Confrèrie.

11 *Juillet* 1721.

Visites. Les Jurés tenus d'en faire deux par an.

Jurés. Ne peuvent exiger que 2 liv. de chaque Aspirant.

Réglement pour les Assemblées lors des élections à la Jurande.

Repas & Cabales défendus

Aspirans à la Maîtrise ne peuvent être dispensés du Chef-d'œuvre.

SENTENCE de Police, portant que les Jurés seront tenus de faire deux visites par an, aux termes des Statuts, & qu'ils ne recevront que deux livres pour le droit de chaque Aspirant à la Maîtrise; leur fait défenses de prendre plus grande somme : Fait pareillement défenses aux anciens de prendre aucunes sommes à leur égard. Ordonne, par raport à l'élection des Jurés, que convocation sera faite des Jurés anciens, de vingt modernes & de vingt jeunes Maîtres seulement, suivant l'ordre du Tableau, qui à cet effet sera mis dans le Bureau de la Communauté, en sorte que ceux qui auront été assemblés une année, n'y soient plus les suivantes, mais seulement chacun à son tour. Fait défenses aux Jurés & Maîtres de la Communauté de recevoir aucun repas des Aspirans, ni faire aucunes Assemblées ni Cabales à l'occasion des Réceptions, Elections ou autres affaires concernant la Communauté; comme aussi fait défenses aux Jurés & autres Maîtres de dispenser les Apprentifs du Chef-d'œuvre, lequel sera fait par les Aspirans, à l'effet de quoi les instrumens convenables seront remis dans le Bureau de la Communauté, &c.

5 *Juin* 1722.

Porter honneur aux Jurés.

SENTENCE de Police, par laquelle, tendu les insultes & voies de fait en plein Bureau de la part de quelques Maîtres contre les Jurés lors en Charge, il leur est fait défenses de plus à l'avenir méfaire & médire à leurs Jurés, enjoint de leur porter honneur & respect, & les exclud de l'entrée du Bureau de leur Communauté pendant trois mois. Ladite Sentence confirmée par une autre du 8 Février 1724.

7 *Avril* 1724.

SENTENCE de Police, qui fait défenses aux modernes & jeunes Maîtres Limonadiers, & à tous autres, de former des Cabales ni aucunes Assemblées dans des maisons particulieres & ailleurs que dans le Bureau de leur Communauté, & sans la participation des Jurés; & pour l'avoir fait, les condamne chacun en trois livres d'amende & aux dépens.

Modernes & Jeunes ne peuvent former des Assemblées.

31 *Janvier* 1726.

SENTENCE de Police, portant que tous les Maîtres & veuves de Maîtres de la Communauté des Limonadiers, lorsqu'ils changeront de Maisons ou de Boutiques, seront tenus d'aller au Bureau d'icelle Communauté faire leur déclaration du lieu, rue & Paroisse où ils iront loger & demeurer, à peine de 10 liv. d'amende, laquelle demeurera encourue contre les contrevenans, & au payement de laquelle ils seront contraints, desquelles déclarations sera tenu Registre par les Jurés; le tout pour faciliter auxdits Jurés lors en Charge, & à ceux à venir, le recouvrement de la Capitation.

Changement de Boutique. On est tenu d'avertir.

2 *Septembre* 1727.

ARREST du Conseil, par lequel la Communauté des Limonadiers a été maintenue dans le droit de vendre, à l'exclusion de tous autres, toutes Liqueurs composées d'Eau-de-Vie & d'Esprit de Vin, & Fruits confits à l'Eau-de-Vie, avec défenses aux Epiciers & Apoticaires-Epiciers de les y troubler, à peine de confiscation des marchandises saisies en contravention, de 300 liv. d'amende & de tous dépens, dommages & intérêts.

Epiciers.

2 *Septembre* 1727.

Lettres de Regrat. Défenses d'y exprimer le débit de l'Eau-de-Vie.

Autre ARREST du Conseil, par lequel il a été fait défenses au Fermier du Domaine d'exprimer à l'avenir dans les Lettres de Regrat le débit de l'Eau-de-Vie, dont la vente en Boutique ne pourra être faite que par les Limonadiers & par les Epiciers, & la vente des fruits confits à l'Eau-de-Vie & autres Liqueurs, par les seuls Limonadiers : N'entend néanmoins Sa Majesté toucher à la liberté accordée aux Placiers, Colporteurs & Vendeurs à petites mesures, d'exposer sur des escabelles & petites tables de l'Eau-de-Vie & des Cerises & Noix confites, à la distance de dix maisons de celles desdits Limonadiers, Epiciers, & Apoticaires-Epiciers, suivant les Réglemens ci-devant rendus : Fait néanmoins Sa Majesté par grace, & sans tirer à conséquence, main-levée des saisies faites jusqu'à ce jour sur lesdits Placiers, Colporteurs & Vendeurs à petites mesures.

Distance que doivent observer les Placiers & Vendeurs d'Eau-de Vie à petites mesures.

LETTRES PATENTES du 7 Novembre 1727. accordées sur les deux Arrêts du Conseil du 2 Septembre précédent, ci-dessus énoncés.

5 *Mars* 1728.

Droit de Maîtrise est de 800 liv. pour ceux qui épousent une veuve de Maître.

SENTENCE de Police, qui ordonne l'exécution de l'Edit de 1705. & condamne Joseph Ginet Garçon Limonadier, & Marguerite Vigreuse sa femme, auparavant veuve de Toussaint Belny Maître Limonadier, à payer la somme de 800 liv. outre les droits de la Communauté, pour sa réception à la Maîtrise.

8 *Juin* 1728.

Maître sans qualité ; défenses d'en recevoir.

ARREST du Parlement, rendu entre Pierre Gauchy Marchand Limonadier, Appellant d'une Sentence de Police du 19 Août 1721. d'une part, François Passerat Marchand d'Eau-de-Vie & autres Liqueurs, Intimé, d'autre part, & les Maîtres Limonadiers Défendeurs aussi d'autre part & Parties intervenantes : Par lequel Arrêt la Cour faiſant droit ſur le tout, a mis l'appellation, & ce dont a été appellé au néant, émandant, déclare la réception dudit Paſſerat du 22 Janvier 1721. nulle, ordonne que les Statuts de la Communauté des Limonadiers, Lettres Patentes du 28 Janvier 1676. l'Edit du mois de Juillet 1705. & celui du mois de Novembre 1713. ſeront exécutés ſelon leur forme & teneur; ce faiſant, fait défenſes aux Maîtres & Gardes de ladite Communauté de recevoir aucun Aſpirant à la Maîtriſe qu'il n'ait fait apprentiſſage pendant trois ans chez un des Maîtres de la Communauté, condamne leſdits Maîtres & Gardes à rendre & reſtituer audit Paſſerat la ſomme de 1309 liv. de principal qu'il leur a payée pour être admis à la Maîtriſe.

18 *Mars* 1729.

Maîtres ne peuvent faire bail, ni louer leurs Maîtriſes.

SENTENCE de Police qui fait défenſes à tous les Maîtres de la Communauté des Limonadiers de faire bail ni louer leurs Maîtriſes à quelque perſonne que ce ſoit, & enjoint aux Jurés de ladite Communauté de tenir la main à l'exécution de ladite Sentence, à peine d'en être garans & reſponſables en leurs propres & privés noms.

29 *Avril* 1730.

Saiſies ne peuvent être faites que par les Jurés.

ARREST du Parlement, qui ſur les conteſtations d'entre les anciens, modernes & jeunes Maîtres Limonadiers y dénommés, & les Jurés de leur Communauté, ordonne que l'art. VII. des Statuts des Limonadiers ſera exécuté; fait défenſes auxdits anciens, modernes & jeunes, de faire des ſaiſies & pourſuites contre les particuliers ſans qualité, qui entreprennent ſur leur Métier. Ordonne que leſdites ſaiſies & pourſuites qui ſeront à faire ſur leſdits particuliers ſans qualité, ſeront faites par les Jurés ſeulement; Fait défenſes auxdits anciens, modernes & jeunes, & à tous autres, d'en faire aucune, ſauf à eux de donner des mémoires aux Jurés en Charge des noms des particuliers qu'ils prétendent être en contravention, pour pouvoir par leſdits Jurés faire faire leſdites ſaiſies & pourſuites néceſſaires: Et à défaut par leſdits Jurés de le faire, ſe pourvoir pardevant le Lieutenant Général de Police pour les faire destituer, & en nommer d'autres en leur place, s'il y échet, ou autrement sévir contr'eux de quelque maniere que ce soit. Fait pareillement défenses auxdits anciens, modernes & jeunes, d'indiquer de leur chef des Assemblées, sauf à assister à celles ordonnées, & à faire telles réquisitions qu'ils jugeront à propos.

Assemblées ne pourront être indiquées que par les Jurés.

9 *Juin* 1730.

Vinaigriers ne peuvent prêter leurs noms, ni louer leurs Maîtrises.

SENTENCE de Police, rendue entre les Jurés Limonadiers Demandeurs d'une part, la veuve Bellaust Fruitiere-Regratiere, Partie saisie, Deffenderesse; Jacques Cornisy Maître Vinaigrier, intervenant, & prenant le fait & cause de ladite veuve Bellaust, d'autre part; & les Jurés Vinaigriers, Défendeurs encore d'autre part. Par laquelle Sentence il est donné Lettres auxdits Jurés Vinaigriers de leur déclaration, qu'ils n'entendent point soutenir que ledit Cornisy prête son nom & loue sa Maîtrise à ladite veuve Bellaust, non plus que les autres Maîtres de ladite Communauté des Vinaigriers. Pareillement est donné Lettres aux Jurés Limonadiers de ce qu'ils n'entendent point empêcher les Vinaigriers de vendre de l'Eau-de-Vie, en se conformant aux Réglemens. Et est ordonné que les choses saisies sur ladite veuve Bellaust, seront vendues au Bureau des Limonadiers.

29 *Décembre* 1730.

Privilége de Limonadier.

SENTENCE de Police rendue entre les Jurés Limonadiers, demandeurs d'une part, & Gaspard Vachon faisant la profession de Limonadier sans qualité, & se prétendant l'avoir comme propriétaire d'un des 500 Priviléges de Limonadier à lui transporté, Partie saisie, Défendeur d'autre part; par laquelle, sans avoir égard au Privilége allégué par ledit Vachon que ladite Sentence déclare nul, la saisie sur lui faite est déclarée bonne & valable, avec défenses audit Vachon de plus entreprendre sur la profession de Limonadier, le condamne en 20 liv. de dommages-intérêts, 5 liv. d'amende & aux dépens.

22 *Août* 1731.

ARREST du Parlement rendu entre les Jurés lors en Charge de la Communauté des Limonadiers, Demandeurs en main-levée de l'opposition des Vinaigriers à l'enregistrement des Lettres-Patentes du 7 Novembre 1727. ci-devant énoncées, obtenues sur l'Arrêt du Conseil du 2 Septembre audit an 1727. aussi ci-devant énoncé, dans lequel Arrêt du Parlement est visée une Requête des Limonadiers du 25 May 1731. portant consentement de leur part, à ce que ledit enregistrement ne puisse empêcher les Vinaigriers de distiller, faire & vendre de l'Eau-de-Vie en gros & en détail, d'en acheter des Marchands Forains, & d'en faire venir des Provinces, sans néanmoins que ceux à qui lesdits Vinaigriers donneront à boire de l'Eau-de-Vie dans leurs Boutiques, puissent s'attabler, d'une part, & les Syndic, Jurés lors en Charge de la Communauté des Maîtres Vinaigriers, Défendeurs & Demandeurs d'autre part : Par lequel Arrêt il est entr'autres choses ordonné, qu'il sera passé outre, si faire se doit, à l'enregistrement desdites Lettres Patentes, sans préjudice néanmoins auxdits Vinaigriers de distiller, faire & vendre de l'Eau-de-Vie en gros & en détail, d'en acheter des Marchands Forains & autres, d'en faire venir des Provinces, & de la débiter en gros & en détail dans leurs Boutiques dans de petits verres ou tasses, conformément au consentement porté par ladite Requête des Limonadiers dudit jour 25 May 1731. Et sur le surplus des demandes des Parties portées par leurs Requêtes visées dans ledit Arrêt, il est dit qu'elles se pourvoiront, dépens compensés.

Vinaigriers ne peuvent donner de l'Eau-de-Vie à boire à table.

15 *Octobre* 1731.

DEUX pieces, la premiere est une quittance en parchemin du 15 Octobre 1731. registrée au Contrôle Général des Finances le 15 Novembre audit an, signée Perrotin, de la somme de 12620 livres, payée par la Communauté des Limonadiers de la Ville de Paris, pour le droit de confir-

Joyeux Avenement.

mation dû à Sa Majesté à cause de son avenement à la Couronne ; & la seconde est une quittance en papier, du même jour 15 Octobre 1731. de la somme de 1262 livres, aussi payée par laditte Communauté pour les deux sols pour livre de celle susdite de 12620 livres.

16 *Novembre* 1731.

Assemblées. Réglement qui fixe le tems des élections de Jurande, & le nombre des Maîtres qui doivent assister tant aux élections qu'aux réceptions à la Maîtrise.

SENTENCE de Police rendue sur la Requête des Jurés Limonadiers lors en charge, & sur les conclusions du Procureur du Roy au Châtelet, de laquelle Sentence le dispositif suit.

Nous disons que les Statuts de la Communauté des Maîtres Limonadiers-Distillateurs à Paris, & les Sentences & Reglemens de Police & notamment les Sentences des premier Septembre 1690. & 5 Juin 1722. seront executées selon leur forme & teneur, & en conséquence Ordonnons qu'il sera procédé tous les ans à la fin du mois d'Août de chaque année, ainsi qu'il est d'usage, à l'Election de deux nouveaux Jurés de ladite Communauté, au lieu & place de ceux qui auront fait leur tems, à laquelle Election seront appellés tous les anciens Maîtres, vingt modernes & vingt jeunes à tour de rôle, suivant l'ordre du Tableau, qui à cet effet seront invités par billets signés des Jurés ; Comme aussi que lorsqu'il s'agira de la reception des aspirans à la maîtrise & de leurs chefs-d'œuvres, il y sera procédé en la presence desdits Jurés, des anciens, de huit modernes & de huit jeunes, qui seront pareillement appellés à tour de rôle, suivant l'ordre du Tableau, & invités par billets signés desdits Jurés, lesquels anciens Maîtres, modernes & jeunes donneront leurs avis selon l'ordre de leur reception, & lorsqu'ils seront appellés par celui des Jurés qui présidera ausdites assemblées ; leur faisons défenses de leur donner confusément & avant leur tour, à peine de dix livres d'amende contre chacun des contrevenans. Faisons défenses à tous Maîtres de ladite Communauté, autres que ceux qui seront mandés & convoqués pour lesdites Elections de Jurés, receptions des aspirans & autres assemblées pour l'administration des affaires de ladite Communauté, de se trouver & rendre audit Bureau les jours ausquels lesdites assemblées seront

seront convoquées. Enjoignons à ceux qui seront mandés ausdites assemblées de se comporter avec tranquilité & modération, & de porter honneur & respect ausdits Jurés & anciéns à peine de dix livres d'amende contre chacuns des contrevenans.

29 *Mars* 1732.

ARREST du Conseil qui ordonne, sans tirer à conséquence, qu'Etienne Olivier quoique n'ayant point fait d'aprentissage de Limonadier, mais ayant travaillé pendant 17 ans sous differens Maîtres Limonadiers de Paris, sera reçu dans la Communauté desdits Maîtres Limonadiers, en payant les droits accoûtumés, & en satisfaisant aux autres formalités prescrites par les Réglemens de ladite Communauté.

Maître sans qualité, reçu en vertu d'Arrêt du Conseil.

23 *Avril* 1732.

SENTENCE de Police rendue sur la Requête des Jurés Limonadiers lors en charge, & sur les conclusions du Procureur du Roy au Châtelet, de laquelle Sentence le dispositif suit.

Garçons Limonadiers.

NOUS disons que la susdite Sentence du 23 Mars 1708. sera exécutée selon sa forme & teneur; & en conséquence faisons défenses à tous Maîtres de la Communauté des Maîtres Distillateurs Marchands d'Eau-de-Vie & autres Liqueurs à Paris, de recevoir aucuns Garçons sortant de chez les Maîtres de ladite Communauté, qu'ils ne leur rapportent le consentement par écrit des derniers Maîtres de chez lesquels ils sortiront, avec un certificat de leurs bonne vie & mœurs & du tems qu'ils auroient servi chez eux, & ausdits Garçons de quitter le service de leurs Maîtres sans les avertir auparavant, à peine de dix livres d'amende contre chacun des Maître & Garçon contrevenans; & en cas de refus de la part desdits Maîtres de donner ausdits Garçons lesdits certificats & consentemens, lesdits Garçons pourront se pourvoir pardevers les Jurés en Charge de la Communauté qui manderont lesdits Maîtres en leur Bureau pour dire les causes de leur refus, & faute par lesdits Maîtres de le faire, lesdits Jurés seront autorisés à donner leur consentement ausdits Garçons de se pourvoir d'autres Maîtres, sans pouvoir lesdits Garçons être inquiétés ni recherchés par les mêmes Maîtres d'où ils seront sortis.

18 *Juillet* 1732.

Epiciers. Contravention réprimée.

SENTENCE de Police rendue entre les Jurés Limonadiers demandeurs en saisie d'une part, & François Richard, Marchand Epicier, partie saisie, défendeur d'autre part, qui déclare la saisie faite sur ledit Richard des Rataffiats & Liqueurs y énoncés, bonne & valable ; lui fait défenses de recidiver, & à tous autres Epiciers d'entreprendre sur la Profession des Limonadiers, de vendre & débiter aucuns Ratafiats & Liqueurs sous plus grande peine, & permet de faire imprimer, publier & afficher ladite Sentence où besoin sera.

16 *Janvier* 1733.

Assemblées pour recevoir les droits dûs au Roy, & la Capitation, ainsi que les plaintes des Maîtres, fixées au Lundi de chaque semaine.

Porter honneur & respect aux Jurés & Anciens.

SENTENCE de Police rendue entre les Jurés Limonadiers lors en charge d'une part, & les Sieurs Pinon, Nochez, Willet, Reginer & consors, tous Maîtres Limonadiers, d'autre part, qui ordonne l'exécution de celle du 16 Novembre 1731. cy-devant énoncée : donne lettres ausdits Jurés de leurs offres de se trouver au Bureau de leur Communauté les Lundis de chaque semaine, & d'y admettre & recevoir les modernes & jeunes Maîtres Limonadiers l'un après l'autre pour y payer & recevoir les droits dus au Roy, & la Capitation, comme aussi pour y recevoir leurs plaintes, ce faisant il est dit que lesdits Jurés se trouveront en leurdit Bureau lesdits jours ausdites fins. Fait défenses ausdits modernes & jeunes Maîtres d'entrer autrement que les uns après les autres dans ledit Bureau, ni d'y faire & occasionner du bruit, même de s'attrouper à la porte d'icelui tumultueusement, & enfin que lesdits modernes & jeunes seront tenus de porter honneur & respect aux anciens Jurés & Gardes, le tout à peine de 10 livres d'amende.

21 *Avril* 1733.

Privilèges de Limonadiers remboursés.

ARREST du Conseil qui ordonne l'exécution d'une

Sentence de Police du 18 Juillet 1732. nonobstant l'appel interjetté d'icelle par les nommés Richer, Jarry, Dauphin & consors, Epiciers; en conséquence permet à la Communauté des Marchands Limonadiers, conformement à l'Edit du mois de Novembre 1713. de rembourser quand bon lui semblera, ausdits Richer, Jarry, Dauphin & consors, qui ont acquis partie des 500 Priviléges créés par Edit du mois de Septembre 1706. la somme qu'ils ont payée tant pour la Finance que pour les deux sols pour livre, & ordonne qu'au moyen du remboursement lesdits Privileges demeureront éteints & suprimés, & que les pourvus d'iceux seront tenus de rapporter lesdites quittances au Bureau des Limonadiers pour être bâtonnées.

8 Septembre 1733.

ARREST du Conseil rendu sur la Requête des Jurés Limonadiers, dont le dispositif suit.

Epiciers. Réglement modifié par l'Arrêt du Parlement de 1738.

SA MAJESTE' étant en son Conseil a permis & permet aux Marchands Epiciers de vendre des Liqueurs composées d'Eau-de-Vie & d'esprit de Vin, & des fruits confits à l'Eau-de-Vie, seulement en pieces ou en caisses contenant six douzaines de bouteilles au moins, sous corde & sous balle, & leur fait très-expresses & iteratives défenses d'en débiter en bouteille, à peine de confiscation & de 300 liv. d'amende : veut Sa Majesté que le present Arrêt soit exécuté nonobstant celui du Parlement du 6 Septembre 1731. & toutes oppositions ou autres empêchemens quelconques, dont si aucuns interviennent Sa Majesté se reserve la connoissance.

18 *May* 1734.

SENTENCE de Police homologative d'une déliberation de la Communauté des Limonadiers du 5 Avril audit an, portant que les fils de Maîtres qui seront admis à la Maîtrise, sans avoir l'âge de dix-huit ans accomplis, ne pouront ouvrir boutique avant ce tems à peine de saisie de leurs Marchandises, confiscation d'icelles, dommages, intérêts & amende.

Jeunes Maîtres ne peuvent ouvrir Boutique qu'à 18 ans.

17 *Juin* 1735.

Jurande. Nul ne peut être élû qu'après dix années de Maîtrise & d'exercice actuel.

SENTENCE de Police par laquelle la reception du Sieur Tartaut à la Maîtrise de Limonadier, ainsi que son Election à la Jurande, ont été déclarées nulles, ordonne qu'il sera procédé à l'élection d'un nouveau Juré en son lieu & place. Qu'à l'avenir nul ne pourra être Juré qu'il n'ait au moins dix années de Maîtrise & d'exercice actuel de ladite Profession, à peine de nullité des Elections. Que les fils de Maîtres reçus en bas âge à la Maîtrise, n'auront voix déliberative aux élections des Jurés, ni dans aucunes autres assemblées dans le Bureau de la Communauté, ou ailleurs, ni aucun rang ni séance dans lesdites assemblées, ni même d'exercice de la Maîtrise qu'après avoir atteint l'âge de dix-huit ans : fait défenses aux Jurés lors en charge & à leurs successeurs de les appeller aux assemblées & de les comprendre dans les catalogues des Maîtres de ladite Communauté avant ledit âge de dix-huit ans.

Jeunes Maîtres ne peuvent assister aux Assemblées, ni être compris dans le Catalogue des Maîtres, avant l'âge de 18 ans.

22 *Août* 1735.

ARREST du Parlement rendu entre François Cheron & Daniel Couper, Maîtres de la Communauté des Limonadiers d'une part : les Jurés lors en charge de ladite Communauté, & plusieurs autres Maîtres tant modernes que jeunes de la même Communauté dénommés audit Arrêt, d'autre part, par lequel il a été fait défenses aux Jurés & Gardes lors en charge & à ceux qui leur succederoient à l'avenir, de recevoir aucuns Aprentifs au-dessus de l'âge de 22 ans non mariés, lesquels Aprentifs en se présentant seront obligés de représenter leur Extrait-Baptistaire, à peine de nullité des Brevets d'aprentissage, dommages & intérêts contre qui il appartiendra. Fait pareillement défenses aux Jurés de recevoir à l'avenir à la Maîtrise aucuns Maîtres en vertu des Privilèges créés par l'Edit de 1706. ni aucuns autres que ceux qui auront fait le tems d'aprentissage, conformement aux Statuts, Edits & Déclarations, à peine de nullité desdites réceptions, & par les Jurés qui les auront reçus, d'être privés de la Jurande, même de repondre

Apprentifs ne peuvent être reçus au-dessus de 22 ans.

Privilèges. Les Porteurs ne pouvoient être reçus ; mais ils ont été depuis dispensés de la rigueur de cette défense.

en leurs propres & privés noms, sans répetition, de toutes, pertes dépens, dommages & intérêts.

3 *Février & 8 Juin* 1736.

Deux SENTENCES de Police rendues entre les Jurés Limonadiers lors en charge, & plusieurs modernes & jeunes Maîtres Limonadiers, sur la contestation élevée entr'eux au sujet de leur Confrèrie, qu'une partie desdits Maîtres vouloit faire transferer de l'Eglise de Saint Denis de la Chartre en celle du Couvent des grands Augustins: par la derniere desquelles deux Sentences il est ordonné, sans avoir égard à la délibération du 17 Octobre 1735. que laditte Confrèrie continuera & demeurera en ladite Eglise de Saint Denis de la Chartre, fait très-expresses défenses de la transférer en une autre Eglise, & condamne les Jurés solidairement & par corps de rapporter en ladite Eglise de Saint Denis de la Chartre les Vases sacrés & autres argenteries appartenans à ladite Confrèrie, iceux préalablement pesés.

Confrèrie fixée à S. Denis de la Chartre.

22 *Août* 1736.

ARREST du Conseil qui a ordonné que Jean Renault seroit reçu Maître Limonadier, nonobstant qu'il n'avoit point fait d'aprentissage, en payant la somme de 1000 liv. pour les droits de la Communauté, & 350 pour les droits revenant aux Jurés anciens Maîtres de la Communauté pour leur droit de présence, y compris la Lettre de Maîtrise, & en satisfaisant à toutes les autres formalités prescrites, par les Statuts & Reglemens d'icelle Communauté.

Maître sans qualité, reçu en vertu d'Arrêt du Conseil.

8 *Février* 1737.

SENTENCE de Police qui fait défenses aux fils de Maîtres Limonadiers admis à la Maîtrise, d'ouvrir Boutique qu'après avoir atteint l'âge de 18 ans accomplis, & représenté aux Jurés en charge leurs Extraits-Baptistaires qu'ils seront tenus de viser & dont ils feront mention sur le Registre servant à enregistrer les Brevets d'Apprentissage.

Jeunes Maîtres ne peuvent ouvrir Boutique qu'après l'âge de 18 ans.

22 *Juin* 1737.

Argenterie doit rester au Bureau en la garde des Jurés.

ARREST du Parlement par lequel il a été ordonné que l'argenterie de la Confrèrie servant à l'Office Divin seroit portée au Bureau de la Communauté pour y rester comme cy-devant, & que les nouveaux Jurés & ceux qui leur succéderoient se chargeroient sur le Registre de ladite Communauté de ladite argenterie, après qu'elle auroit été pesée pour la décharge des précédens dépositaires.

Premier Août 1737.

Garçons Limonadiers; discipline les concernant.

DELIBERATION de la Communauté des Limonadiers homologuée par Sentence de Police du 17 Septembre suivant, de laquelle déliberation la teneur suit.

ARTICLE PREMIER.

Que les Sentences de Monsieur le Lieutenant général de Police des 23 Mars 1728. & 23 Avril 1732. portant défences à tous Maîtres de ladite Communauté de recevoir aucuns Garçons sortant de chez les Maîtres d'icelle, qu'ils ne leur rapportent le consentement par écrit des derniers Maîtres de chez lesquels ils sortiront, avec un certificat de leurs bonnes vies & mœurs, du tems qu'ils auront été chez eux, & aux Garçons de quitter le service de leurs Maîtres sans les avertir auparavant, à peine de dix livres d'amende, seront executées selon leur forme & teneur.

II.

Que tous les Garçons Limonadiers qui servent actuellement en ladite qualité chez les Maîtres, seront tenus de se retirer sans délai au Bureau, les Lundis matin & autres jours, pour y être leurs noms, sur-noms, leur âge, le lieu de leur naissance; pour ceux qui ne sont pas Apprentifs de Ville, & les noms des Maîtres qu'ils servent, pour y être inseré dans un Registre qni sera à cet effet tenu audit Bureau, lequel Registre sera paraphé par Monsieur le Lieutenant général de Police, duquel enregistrement sera délivré un double ausdits Garçon, qui sera signé d'un desdits Jurés-Gardes de ladite Communauté.

III.

Que nul Maître ne pourra garder à son service aucuns

Garçons qu'il ne lui ait justifié de son enregistrement au Bureau en la forme ci-dessus, à peine de cent livres d'amende pour chacune contravention.

IV.

Qu'aussitôt la sortie d'un Garçon du service d'un Maître, ledit Garçon sera tenu d'en faire sa déclaration audit Bureau, laquelle sera inscrite sur le Registre, & le double d'icelle à lui délivré pour pouvoir entrer au service d'un autre Maître qu'il aura quitté, le certificat de ses bonnes vies & mœurs, conformément à la Sentence du 23 Avril 1732. qui sera exécutée selon sa forme & teneur; & lorsque le Garçon y sera entré, il sera tenu d'en faire sa déclaration au Bureau qui sera inscrite sur le Registre, & le double à lui délivré, à peine contre ledit Maître & le Garçon de 100 liv. d'amende solidairement.

V.

Et au cas que les Maîtres d'où les Garçons seront sortis refusent de leur donner (ou au Maître au service duquel ils s'offriront) leur certificat de leurs bonnes vie & mœurs portant consentement de servir où bon leur semblera: seront tenus lesdits Garçons & les Maîtres auquel ce refus aura été fait, d'en porter leurs plaintes aux Jurés-Gardes en leur Bureau, où les Maîtres refusans seront mandés pour en dire les causes; & faute par eux de le faire, les Jurés-Gardes pourront donner aux Garçons leur consentement de se pourvoir d'autre Maître & y faire le service, sans que les Maîtres d'où ils seront sortis puissent les inquietter, ni ceux au service desquels ils seront entrés, dont il sera fait mention sur le Registre & le double délivré aux Maîtres & Garçons.

VI.

Enfin, que personne ne pourra placer les Garçons que par le Clerc de ladite Communauté.

20 *Février* 1738.

Priviléges. Le nombre de ceux qui ont été remboursés, constaté.

PROCES-VERBAL dressé dans le Bureau des Limonadiers par Jean-Jacques Roussel, Huissier à cheval au Châtelet de Paris, en exécution des ordres donnés aux Jurés lors en charge par Monsieur le Procureur Général de commission établie par Sa Majesté pour la liquidation des dettes, examen & revision des comptes des Communautés des Arts & Métiers de la Ville & Fauxbourgs de Paris, de faire rapporter audit Bureau des Limonadiers toutes les quittances de Finance expédiées le 27 May 1711. à Jean l'Ecuyer, chargé par Sa Majesté de la vente des Privileges de Limonadiers, par resultat & Arrêts du Conseil des 9 Décembre 1704. & 5 Octobre 1706. & celles expédiées le premier Juillet 1715. à Pierre Demousses aussi chargé par Sa Majesté au lieu & place dudit l'Ecuyer, de la vente desdits Priviléges par autre resultat & Arrêt du 15 Septembre 1714. en conséquence desquelles quittances plusieurs acquereurs d'icelles avoient été reçus Maîtres de ladite Communauté des Limonadiers sans les avoir remises au Bureau d'icelle Communauté, à l'effet duquel rapport desdites quittance de Finance de 1000 liv. chacune, & de celle de deux sols pour livre, lesdits Jurés lors en charge ont convoqué les Maîtres reçus en vertu desdits Privileges.

Ledit Procès-verbal contenant les nomsdesdits Maîtres Limonadiers reçus en vertu desdits Privileges qui sont comparus, & la remise par eux faite ès mains desdits Jurés lors en charge, de leurs quittances de Finance.

22 *May* 1738.

Enseignes. Les noms des Maîtres y doivent être inscrits.

SENTENCE de Police homologative d'une deliberation du 29 Janvier audit an portant que les Maîtresses & veuves des Maîtres Limonadiers seroient tenus de faire inscrire leurs noms à leurs enseignes ou Tableau de leurs Boutiques, à peine de dix livres d'amende contre chacun des contrevenans applicable au profit de la Communauté.

5 *Juillet* 1738.

Epiciers & Merciers. Dernier Réglement qui contient le détail des marchandises qu'ils ont droit de vendre, tant concurremment avec les Limonadiers, qu'exclusivement. V. ci-après les Arrêts des 30 Juillet 1743. 6 May 1750. & premier Juillet 1752.

ARREST du Parlement rendu entre la Communauté des Maîtres Limonadiers, celle des Marchands Epiciers, celle des Marchands Merciers-Grossiers-Jouailliers, & les six Corps des Marchands de la Ville de Paris, duquel Arrêt le dispositif suit.

La Cour faisant droit sur le tout, reçoit lesdits Maîtres & Gardes

Gardes des Marchands Merciers opposans à l'enregistrement des Lettres Patentes du 7 Novembre 1727. (ces lettres sont ci-devant énoncées) faisant droit sur leur opposition, ordonne que lesdits Marchands Merciers demeureront maintenus dans le droit de vendre en Boutique & en gros toutes sortes d'Eaux-de-Vie & de Liqueurs composées & distillées; ayant aucunement égard à l'opposition des Maîtres & Gardes des Epiciers à l'enregistrement desdites Lettres Patentes, sans avoir égard au surplus tant de leurs oppositions que de celles des modernes & jeunes Epiciers, a maintenu & gardé, maintient & garde lesdits Epiciers & les Limonadiers dans le droit & possession de vendre & débiter, sçavoir les Epiciers de l'Eau-de-Vie, même d'en donner à boire, sans néanmoins que ceux qui en boiront puissent s'attabler dans leurs Boutiques, vendre & debiter des Liqueurs chaudes, celles composées d'Eau-de-Vie, d'Esprit-de-Vin, & fruits confits à l'Eau-de-Vie en gros & en bouteilles entieres seulement; & les Limonadiers des Liqueurs chaudes, Esprit-de-Vin, Fruits confits à l'Eau-de-Vie, tant en gros qu'en détail. Permet ausdits Limonadiers de faire venir des Provinces des Eaux-de-Vie, d'y en envoyer & d'en vendre en gros & en détail en cette Ville de Paris; maintient pareillement les Epiciers & Limonadiers dans le droit & possession de vendre & débiter du Thé, Caffé, Chocolat & Sorbec, sçavoir, les Epiciers le Caffé en féves non brulé, le Thé en feuilles & le Sorbec en pâte, le tout tant en gros qu'en détail exclusivement aux Limonadiers, & les Limonadiers le Caffé, Thé, Chocolat, & Sorbec en boisson, même le Caffé en grain brulé & en poudre exclusivement aux Epiciers, & lesdits Epiciers & Limonadiers concurremment le Chocolat en tablettes, pains, tourteaux & roulleaux, les Pistaches & les Diablotins; permet tant aux Epiciers qu'aux Limonadiers de fabriquer le Chocolat; maintient les Epiciers en qualité de Gardes de l'Etalon Royal des Poids & Balances de cette Ville, dans le droit d'aller en visite chez les Limonadiers pour voir & visiter leurs Poids & Balances seulement, & de percevoir cinq sols par chacune des Visites deux fois l'année, permet auxdits Epiciers & Limonadiers d'aller en visite respectivement les uns chez les autres en cas de contraventions, en se fai-

Epiciers ont droit d'aller en visite deux fois par an chez les Limonadiers pour les Poids & Balances.

ſant aſſiſter d'un Commiſſaire au Châtelet & d'un Huiſſier. Ayant aucunement égard à l'intervention des ſix Corps des Marchands de cette Ville de Paris, & à la demande des Epiciers, fait défenſes aux Limonadiers d e prenre la qualité de Maîtres & Gardes, mais ſeulement celle de Jurés Limonadiers, déboute les Epiciers jeunes & modernes de leur oppoſition aux Arrêts des 18 Janvier 1674. & 21 Juin 1686. & de leurs demandes à ce que défenſes ſoient faites aux Limonadiers de prendre la qualité de Diſtillateurs, ſans préjudice auxdits Epiciers de pouvoir diſtiller les Eaux-de-Vie & autres Liqueurs dont le débit leur eſt permis, maintient & garde leſdits Limonadiers dans le droit de débiter, à l'excluſion des Epiciers toutes Liqueurs froides.

Jurés Limonadiers ne peuvent prendre la qualité de Maîtres & Gardes.

8 *Sptembre* 1739.

Epiciers. Inſtance en caſſation contre l'Arrêt de 1738. V. l'Arrêt du 30 Juillet 1743.

ARREST du Conſeil rendu ſur la Requête des Jurés Limonadiers lors en charge, contre les Arrêts du Parlement des 6 Septembre 1731. & 5 Juillet 1738. ci-devant énoncés, qui ordonne que ladite Requête ſeroit communiquée aux Gardes Epiciers.

29 *Avril* 1740.

Maîtriſe. Le Droit pour les gendres de Maîtres eſt de 770 liv.

SENTENCE de Police, qui ordonne que Nicolas Blin, comme gendre de Georges Rouſſel, Maître Limonadier, payera pour ſa réception à la Maîtriſe, la ſomme de 770 liv. outre les droits ordinaires.

19 *Août* 1740.

Boutiques. Maître ne peut en tenir pluſieurs.

SENTENCE de Police, qui déclare valable la ſaiſie faite ſur Jacques Harel Maître Limonadier, tenant pluſieurs Boutiques ouvertes de Limonadier en même tems, le condamne en 6 liv. de dommages & intérêts, 3. liv. d'amende & aux dépens.

23 *Novembre* 1740.

Maîtriſe. Enfans nés avant la réception de leurs peres en la

ARREST du Parlement homologatif de trois Délibérations de la Communauté des Limonadiers des 19. 22. & 24. Septembre audit an, toutes trois tendantes à ce que la Sentence de Police du 24 Octobre 1698. Arrêt confirmatif du 9 Avril 1699, ci-devant énoncés, feroient à l'avenir exécutés selon leur forme & teneur, & qu'il seroit fait défenses aux Jurés lors en Charge, & à ceux qui leur succederoient, de recevoir sans Apprentissage ni Chef-d'œuvre les enfans nés avant la Maîtrise de leur pere, à peine de nullité desdites réceptions, & de tous dépens, dommages & intérêts, même de destitution de Jurande.

Maîtrise, ne peuvent être reçus Maîtres sans Apprentissage ni Chef-d'œuvre.

Ensuite de copie desquelles trois Délibérations est une Requête présentée à M. le Lieutenant Général de Police de lui répondue d'un soit communiqué au Procureur du Roy, & les conclusions de mondit Sieur le Procureur du Roy au Châtelet, portant qu'il n'empêche l'homologation d'icelles Délibérations.

10 *May* 1741.

ARREST du Parlement, confirmatif d'une Sentence de Police du 30 Juillet 1740. qui fait défenses à tous les Maîtres & Veuves de la Communauté des Limonadiers de prêter leurs noms & celui de leurs enfans, & louer leurs Maîtrises pour quelque cause que ce puisse être, à peine d'être déchus de leurs Maîtrises, & de 50 liv. d'amende contre chacun des contrevenans, & que dans huitaine pour tout délai, du jour de la publication de ladite Sentence, les particuliers sans qualité, qui tenoient Magasins ou Boutiques de Distillateurs ou Limonadiers, ou qui faisoient profession de ladite Maîtrise sous les noms des Maîtres & Veuves de Maîtres & de leurs enfans, en vertu de Baux ou conventions par écrit, seroient tenus de fermer leurs Boutiques, Magasins ou Echopes; le tout à peine de pareille amende.

Collusions prohibées.

6 *Mars* 1743.

JUGEMENT rendu par Messieurs les Commissaires Généraux, députés par le Roy pour la liquidation des dettes & la révision des comptes des Communautés

Privilége.

d'Arts & Métiers de la Ville & Fauxbourgs de Paris, qui condamne Claude Favre Remouleur, à rapporter au Bureau de la Communauté des Limonadiers, le Privilége par lui acquis de Grepat, lui fait défenses de s'immiscer dans la profession de Limonadier, & le condamne à fermer sa Boutique.

8 *May* 1743.

Idem. Autre JUGEMENT des mêmes Commissaires, qui sans s'arrêter à l'appel interjetté par Michel Denis, de la Sentence de Police du 29 Décembre 1730. ci-devant énoncée, dans lequel il est déclaré non-recevable, le condamne pareillement à rapporter au Bureau de ladite Communauté des Limonadiers le Privilége par lui acquis de Gaspard Vachon.

27 *Juillet* 1743.

Statuts. SENTENCE de Police homologative de trois Délibérations de la Communauté des Limonadiers des 13, 15 & 17 May audit an 1743. desquelles Délibérations contenant cinq articles, la teneur suit.

ARTICLE PREMIER.

Garçons Limonadiers. QUE conformément aux Sentences des 21 Janvier & premier Février 1701. & 30 Juillet 1740. nul Maître ne pourra se servir d'aucuns Garçons, qu'ils nayent été enregistrés au Bureau de la Communauté, conformément à l'article deux de la Délibération du premier Août 1737. (Cette Délibération est ci-devant transcrite.)

II.

Privilégiés de 1706. QU'AUCUN Porteur de Privilége, ni aucun de ceux qui ont été Partie dans l'Instance, jugée au Parlement par l'Arrêt du 10 May 1741. (cet Arrêt est ci-devant énoncé) ne pourront s'immiscer directement ni indirectement dans la profession de Limonadier, pas même en qualité de Garçons des Maîtres, & qu'à cet effet ceux desdits Maîtres qui ont chez eux aucuns desdits particuliers ou leurs femmes, seront tenus de les mettre dehors, sans pouvoir les reprendre, & ce à peine d'être poursuivi comme Locataires de leurs Maîtrises.

III.

Garçons.

Et pour éviter que d'autres particuliers qui ne sont pas de ce nombre, ne continuent de s'immiscer, ou ne s'immiscent à l'avenir dans la profession de Limonadier, il sera pris aux Assemblées ordinaires des Délibérations contre lesdits particuliers & contre lesdits Maîtres; & sur l'avertissement qui sera donné auxdits Maîtres en conformité des Délibérations prises à ce sujet, de ne plus se servir de ces prétendus Garçons, lesdits Maîtres seront tenus de les mettre eux & leurs femmes hors de leurs Boutiques, à peine d'être poursuivis comme Locataires de leurs Maîtrises.

IV.

Collusions.

Les Maîtres qui sont poursuivis & jugés comme Locataires de leurs Maîtrises, seront condamnés pour la premiere fois en l'amende de 10 liv. & en 50 liv. de dommages & intérêts envers la Communauté, & pour la récidive à fermer leurs Boutiques, & exclus de l'entrée du Bureau de ladite Communauté.

V.

Pauvres Maîtres, 60 liv. par an.

Et pour donner moyen de subsister aux Maîtres & Veuves qui ne sont pas en état de tenir Boutique ouverte, au lieu de 36 liv. qui leur ont été accordées par l'Arrêt du Conseil du 25 Septembre 1696. (cet Arrêt est ci-devant énoncé) il leur sera distribué la somme de 60 liv. par chacun an, suivant le Rôle qui sera arrêté conformément audit Arrêt.

30 *Juillet* 1743.

Epiciers. Instance en cassation jugée.

ARREST du Conseil rendu entre la Communauté des Limonadiers & celle des Marchands Epiciers, par lequel Sa Majesté, sans avoir égard aux Requêtes des Jurés lors en Charge de ladite Communauté des Limonadiers, a ordonné que les Arrêts du Parlement des 6 Septembre 1731. & 5 Juillet 1738. ci-devant énoncés, seroient exécutés selon leur forme & teneur.

28 *Février* 1744.

Epiciers. Contravention.

SENTENCE de Police rendue entre les Jurés Limonadiers, Demandeurs en validité de saisie, & à ce que défenses fussent faites à Claude Prevost Marchand Epicier, Partie saisie, & à tous autres Marchands Epiciers, d'injurier lesdits Jurés Limonadiers, d'une part, & ledit Prevost, Défendeur d'autre part, par laquelle Sentence ladite saisie a été déclarée bonne & valable, & les choses saisies confisquées au profit des Demandeurs. Fait défenses audit Prevost de récidiver, & pour les injures par lui proferées contre lesdits Demandeurs, le condamne en 200 liv. de dommages-intérêts, & aux dépens, & permet de faire imprimer, publier & afficher ladite Sentence aux frais & depens dudit Prevost.

9 *Septembre* 1744.

Priviléges remboursés.

JUGEMENT contradictoire du Bureau des Arts & Métiers, qui condamne les nommés Bondu, Onfroy, Deloches, la veuve Herisson & Bienassis à rapporter & remettre leurs Priviléges au Bureau de la Communauté des Limonadiers, & à fermer leurs Boutiques de Limonadiers, avec défenses d'en continuer la profession, à peine de confiscation des Marchandises, & de 500 liv. d'amende.

18 *Décembre* 1744.

Saisie. Effets sur lesquels la Communauté a droit privativement aux propriétaires de maisons.

SENTENCE de Police, qui ordonne que les marchandises concernant le commerce des Limonadiers, même les cuillieres & caffetieres d'argent comprises dans une saisie faite par les Jurés Limonadiers sur le nommé Danjou, seroient remises auxdits Jurés, & qu'à l'égard des autres effets saisis, comme comptoirs, lustres & autres meubles meublans, qu'ils resteroient dans les lieux pour sureté des loyers.

12 *Février* 1745.

Epiciers. Contravention.

SENTENCE de Police, qui déclare valable la saisie

faite sur le nommé Didon Epicier, des Liqueurs qu'il vendoit & débitoit en détail, & du Caffé brûlé qu'il vendoit, prononce la confiscation des choses saisies au profit des Jurés Limonadiers, & lui fait défenses, & à tous autres Epiciers, de plus entreprendre sur la profession des Limonadiers, & pour la récidive le condamne en 20 liv. de dommages & intérêts, en 10 liv. d'amende & aux dépens.

22 *May* 1745.

ARREST du Parlement, confirmatif de trois Sentences de Police jointes audit Arrêt des 20 Avril, 1 Juin, & 7 Décembre 1742. rendues entre les Jurés Limonadiers & Michel Denis Maître Limonadier, stipulant pour Imbert Denis son fils, qu'il prétendoit devoir être admis à la Maîtrise moyennant 576 liv. par lui offert à ce sujet; dans laquelle prétention les Jurés Limonadiers demandoient qu'il fût déclaré non-recevable, attendu que son fils étoit né avant sa Maîtrise, sur lesquelles contestations est intervenue la premiere Sentence, dont le dispositif suit. NOUS, sans avoir égard aux offres de la Partie défaillante, dans lesquelles l'avons déclarée non-recevable, la déboutons de sa demande, & la condamnons aux dépens. La seconde Sentence ordonne un Délibéré, & la troisiéme déclare lesdites offres insuffisantes, ordonne l'exécution de la premiere Sentence, & le condamne aux dépens.

Fils nés avant la Maîtrise de leurs peres.

16 *Juin* 1745.

ARREST du Conseil par lequel Sa Majesté a reçu la soumission faite par les Maîtres Limonadiers de Paris, de payer la somme de 70000 liv. pour la réunion des trente-cinq Offices créés dans leur Communauté par Edit du mois de Février 1745. en conséquence ordonne qu'en payant ladite somme, lesdits Offices d'Inspecteurs & Controlleurs des Jurés seront & demeureront réunis à ladite Communauté, pour par elle jouir des gages, droits & prérogatives attribués auxdits Offices, dont les fonctions seront exercées par les Jurés successivement en Charge. Permet Sa Majesté de recevoir vingt Maîtres sans qua-

Offices d'Inspecteurs réunis.

Maître sans qualité reçus.

lité, en faisant par eux le Chef-d'œuvre ordinaire, en payant chacun 2000 liv. non compris les droits de présence des Anciens, Modernes & Jeunes, & les frais de Lettres de Maîtrise. Et enfin Sa Majesté veut, conformément à la Délibération de ladite Communauté, que les droits établis par ledit Edit tant sur les Aspirans à la Maîtrise & pour raison des ouvertures de Boutiques, que sur tous les Maîtres, soient & demeurent éteints & supprimés.

25 *Juin* 1745.

Marchand de vin. Contravention.

SENTENCE de Police, rendue entre les Jurés Limonadiers Demandeurs en validité de saisie & confiscation des choses saisies, d'une part, le nommé Chevalier Marchand de Vin, Partie saisie, Défendeur, d'autre part, le nommé Girard Maître Limonadier, Partie intervenante, encore d'autre part, & les Jurés de la Communauté des Vinaigriers aussi intervenans, encore d'autre part. Par laquelle Sentence la saisie faite sur ledit Chevalier Marchand de Vin, de six busses d'Eau-de-Vie qu'il faisoit descendre dans sa cave, a été déclarée bonne & valable; & néanmoins par grace lesd. six busses rendues audit Girard Maître Limonadier. Fait défenses audit Chevalier de plus avoir d'Eau-de-Vie dans ses caves, & audit Girard de lui prêter son nom, & pour la contravention les condamne solidairement en 300 liv. de dommages-intérêts envers lesdits Jurés Limonadiers, & ledit Chevalier en 50 livres d'amende.

21 *Août* 1745.

Apprentifs. Défenses d'en faire pendant 10 ans.

ARREST du Conseil, rendu sur la Requête des Doyen, Jurés & Communauté des Limonadiers, qui permet de recevoir cinq Maîtres sans qualité, outre les 20 portés par l'Arrêt du Conseil du 16 Juin précedent, ci-dessus énoncé: Et ordonne conformément à la Délibération de ladite Communauté du 16 Juillet audit an 1745. que pendant dix ans, à compter du 26 Juillet 1747. aucuns Maîtres ne pourront admettre aucun Apprentif à la profession de Limonadier, à peine de nullité du Brevet d'Apprentissage

&

& de 300 liv. de dommages & intérêts contre les Maîtres qui les auroient reçus, & contre les Jurés, de destitution de Jurande & de 400 liv. d'amende, le tout applicable, moitié au profit des pauvres de la Communauté, & l'autre moitié au profit de la Confrèrie.

23 *May* 1746.

Chymistes. Extinction de leur prétendue Communauté.

ARREST du Conseil rendu entre les Jurés de la Communauté des Maîtres Distillateurs-Marchands d'Eau-de-Vie & autres Eaux, & de toutes sortes de Liqueurs, & Marchands Limonadiers de la Ville & Fauxbourgs de Paris, d'une part, les Syndic & Jurés de la Commnnauté des Maîtres Distillateurs en Chymie de la même Ville, reçus en la Cour des Monnoyes, & les nommés Chauvin & Lacoste, se disant Maîtres Distillateurs en Chymie, le Sieur Procureur Général en la Cour des Monnoyes, & le Sieur Procureur du Roy au Châtelet de Paris, d'autre part, duquel Arrêt le dispositif suit.

Distillateurs. Les Limonadiers maintenus à se qualifier ainsi.

Communauté des Limonadiers soumise à la Jurisdiction du Châtelet.

LE ROY en son Conseil, faisant droit sur le tout, a ordonné & ordonne que les Lettres Patentes, Edits & Déclarations, Arrêts & Réglemens concernant la Communauté des Limonadiers de Paris seront exécutés ; en conséquence a maintenu & maintient ladite Communauté, & les Maîtres dont elle est composée, dans le droit & possession de se dire & qualifier Maîtres Distillateurs d'Eau-de-Vie & de toutes sortes de Liqueurs, d'exercer en conséquence toutes les fonctions, & user de tous les droits & priviléges appartenans à ladite profession, conformément auxdits Edits & Déclarations, Lettres Patentes, Arrêts & Réglemens. Fait défenses Sa Majesté à toutes personnes qui n'auront été reçues Maîtres en ladite Communauté, de s'immiscer dans ladite profession, & d'entreprendre sur les fonctions qui en dépendent : Ordonne que la Communauté desdits Maistres Distillateurs-Limonadiers, sera & demeurera entierement soumise à la Jurisdiction des Officiers de Police du Châtelet de Paris pour tout ce qui regarde l'administration d'icelle, exercice & ouvrages de leur métier & profession, & l'exécution des Statuts, Arrêts & Réglemens faits à ce sujet : Et quant à ce qui concerne

Distillation en Chymie défendue.

l'art de Distillation en Chimie, veut & entend Sa Majesté que conformément à l'article onze de l'Edit du mois de Juillet 1682. aucunes personnes de quelque condition & profession qu'elles soient, excepté les Médecins approuvés, & dans le lieu de leur résidence, les Professeurs en Chymie & les Maîtres Apoticaires, ne puissent avoir aucun Laboratoire, & y travailler à aucune préparation de drogues ou distillation, sous prétexte de remedes chymiques, expériences, secrets particuliers, recherche de la pierre philosophale, conversion, multiplication ou rafinement des métaux, confection de cristaux, ou pierres de couleur, confection des Eaux-Fortes & autres semblables prétextes, sans avoir auparavant obtenu de Sa Majesté par Lettres de son grand Sceau la permission d'avoir lesdits Laboratoires & de faire lesdites opérations, lesquelles Lettres seront adressées & enregistrées au Parlement pour ce qui concerne la confection des remedes; & à la Cour des Monnoyes pour ce qui concerne les métaux & confection des Eaux-Fortes propres à leur dissolution, après avoir fait par ceux qui les auront obtenues, les expériences qui seront jugées nécessaires par lesdites Cours, pour, aprés ledit enregistrement, être fait par eux les déclarations prescrites par l'article onze dudit Edit : Ordonne que lesdits Privilégiés seront & demeureront immédiatement soumis à la Jurisdiction des Juges ordinaires, en ce qui concerne les préparations des drogues & remedes, & à la Cour des Monnoyes en ce qui concerne les Métaux & la confection des Eaux-Fortes propres à leur dissolution, sans préjudice au surplus à la Jurisdiction attribuée à ladite Cour des Monnoyes, pour ce qui a raport à la fusion, mélange & altération des Métaux, & à la confection, vente & débit des Eaux-Fortes qui peuvent y être employées, & en général pour ce qui regarde le fait des Monnoyes, circonstances & dépendances, pour raison de quoi pourront être faites, de l'autorité de ladite Cour, toutes visites qu'il appartiendra, même chez les Maîtres de ladite Communauté des Distillateurs-Limonadiers pour ce qui concerne leurs fourneaux, & l'abus qu'ils en pourroient faire, ainsi que chez tous autres, & connoîtra ladite Cour des contraventions qui pourroient être faites à ce sujet. FAIT

Cour des Monnoyes autorisée à faire des visites chez les Limonadiers, pour y examiner leurs fourneaux.

défenses à ceux qui auront obtenu lesdites Lettres de Priviléges, de se dire & qualifier Maîtres, & d'entreprendre de former un Corps de Communauté, sous quelque titre & sous quelque prétexte que ce puisse être, & à la Cour des Monnoyes d'accorder aucunes Lettres de Maîtrise dudit Art de Distillation en Chymie : Ordonne que celles qui auroient ci-devant été accordées, seront & demeureront de nul effet & comme non avenues : Veut néanmoins Sa Majesté de grace & sans tirer à conséquence, que tant lesdits Chauvin & Lacoste, qu'autres qui auroient été reçus jusqu'à ce jour Maîtres Distillateurs en Chymie en ladite Cour des Monnoyes, puissent dans trois mois pour tout délai, à compter de la signification du présent Arrêt, aux soi disant Syndic desdits Distillateurs en Chymie, se faire recevoir Maîtres dans la Communauté des Distillateurs-Limonadiers, en remettant les Lettres de Maîtrises par eux obtenues en ladite Cour des Monnoyes, & prêtant le serment pardevant les Officiers de Police du Châtelet de Paris, sans payer aucuns frais, ni faire de Chef-d'œuvre, après l'expiration duquel délai ils seront & demeureront déchus de plein droit de ladite faculté, sauf à ceux d'entr'eux qui ne voudront en user, à se pourvoir pour obtenir de Sa Majesté lesdites Lettres de Priviléges, si elle juge à propos de leur en accorder. Fait au surplus très-expresses défenses auxdits Marchands Distillateurs-Limonadiers de faire aucunes Eaux, & de s'immiscer directement ni indirectement dans aucunes des opérations appartenantes à l'Art de la Chymie, voulant & entendant qu'il ne puisse même leur être accordé aucunes Lettres de Privilége pour exercer ledit Art, s'ils n'ont préalablement renoncé au Métier de Distillateur-Limonadier, déclare les saisies faites sur lesdits Chauvin & Lacoste le 29 Novembre 1737. bonnes & valables, & néanmoins de grace & sans tirer à conséquence, ordonne que les choses saisies, ou le prix qui en seroit provenu, leur sera rendu,

Chymie. Défenses aux Limonadiers d'exercer cet Art.

12 *Octobre* 1747.

Recette. Ne peut être faite qu'au Bureau.

Titres. Ne peuvent être tirés des Archives que par les quatre Jurés.

PROCES-VERBAL de comparution fait en l'Hôtel & pardevant Monsieur Berrier Lieutenant Général de Police par lequel le Sieur Bouver, Maître Limonadier & lors Juré de sa Communauté, une des parties comparantes, a requis, attendu sa qualité de second Juré comptable que le Sieur Lemarinier aussi Maître Limonadier, & premier Juré comptable de ladite Communauté fut tenu de lui remettre le Rôle de l'Industrie pour en être par lui fait le recouvrement en la maniere ordinaire; que la recette tant de la Capitation de la Communauté, que de l'Industrie & des droits à percevoir, fut fait au Bureau les jours indiqués, & que les deniers qui proviendront des recettes fussent renfermés au Bureau dans un coffre à quatres clefs dont chaque Juré en auroit une. Que les payemens ne pourroient être faits qu'audit Bureau, & en presence des quatres Jurés, qui ne pouroient emporter chez eux ni l'argent appartenant à ladite Communauté, ni aucuns titres & papiers, que pareillement du consentement desdits Jurés en Charge.

Sur quoi Monsieur le Lieutenant Général de Police a donné acte aux parties de leurs comparutions, dires & requisitions, & en conséquence ordonné que ledit Sieur Lemarinier en sa qualité de premier Juré comptable feroit seul la recette des Rôles de Capitation & d'Industrie, mais que cette recette ne pourroit être faite qu'au Bureau aux jours & heures qui seroient indiqués; que les deniers resteroient dans ledit Bureau & seroient renfermés, comme ils l'ont toujours été, dans un coffre, dont chaque Juré auroit une clef particuliere, que ledit Sieur Lemarinier ne pourroit prendre des deniers de ladite Communauté pour payer qu'en presence & du consentement des autres Jurés, & qu'il ne pourroit être pris aucuns titres ni papiers appartenant à icelle Communauté que du consentement des quatre Jurés.

15 *Octobre* 1748.

Dépenses communes. Réglement qui les fixe.

ARREST du Conseil portant Reglement pour l'administration des deniers communs de la Communauté des

Limonadiers, & la reddition des comptes de Jurande, dont la teneur suit.

Vu par le Roy, en son Conseil, l'Arrêt rendu en icelui le 24 Juin 1749. par lequel Sa Majesté auroit ordonné que dans un mois, à compter de la notification qui seroit faite dudit Arrêt à chacune des Communautés d'Arts & Métiers de la Ville & Fauxbourgs de Paris, en leur Bureau, les Syndics & Jurés de chacunne d'icelles seroient tenus de remettre entre les mains du Sieur Berryer Procureur général de la Commission établie pour la liquidation des dettes & revision des comptes desdites Communautés, un état de leurs revenus, de leurs dettes & dépenses annuelles ; pour, lesdits Etats vûs & examinés, être par Sa Majesté pourvu de tel Réglement qu'il appartiendra. Vû aussi les états de recette & dépense produits par les Jurés & anciens de la Communauté des Distillateurs-Limonadiers, tout considéré : Oüi le rapport du Sieur de Machault, Conseiller ordinaire au Conseil Royal, Contrôleur général des Finances. SA MAJESTÉ ÉTANT EN SON CONSEIL, a ordonné & ordonne.

ARTICLE PREMIER.

Que tout Juré, Syndic ou Receveur comptable, entrant en Charge dans la Communauté des Distillateurs-Limonadiers, sera tenu d'avoir un Registre journal qui sera coté & paraphé par le Sieur Lieutenant Général de Police à Paris, dans lequel il écrira de suite & sans aucun blanc ni interligne, les recettes & dépenses qu'il fera, au fur & à mesure qu'elles seront faites, sans aucun délai ni remises ; mettant d'abord la somme reçue ou dépensée, en toutes lettres, & la tirant ensuite à la colonne des chiffres, & aura soin à la fin de chaque page, de faire l'addition de tous les articles de chaque colonne, dont il rapportera le montant à la tête de la page suivante.

II.

Dans le cas où le Juré, Syndic ou Receveur comptable sortant d'exercice, se trouveroit reliquataire envers sa Communauté par l'arrêté de son compte, le Juré ou Receveur comptable son successeur, sera tenu de poursuivre le payement du débet par toutes voies dûes & raisonnables ; & de justifier desdites poursuites par pieces & procédures, supposé qu'il ne puisse en faire le recouvrement, à peine d'en répondre en son propre & privé nom, & d'être forcé du montant dudit débet dans la recette de son compte.

III.

Le produit des confiscations & amendes prononcées au profit de la Communauté, sera employé dans la recette des comptes, & justifié par le raport des Sentences & Arrêts qui les auront prononcées; & au cas que le recouvrement desdites amendes ne puisse être fait par l'insolvabilité de ceux qui y seront condamnés, ledit Comptable en fera reprise qui lui sera alouée en justifiant de ses diligences. N'entendant Sa Majesté interdire les voies d'accommodement à l'amiable entre les parties, pourvû toutefois que lesdits accommodemens soient autorisés par le Sieur Lieutenant Général de Police, auquel cas le Comptable sera tenu d'en rapporter la preuve par écrit.

IV.

Il ne pourra être employé aucuns deniers de la Communauté pour les dépenses de la Confrèrie, de quelque nature qu'elles puissent être, au moyen de quoi la recette & la dépense concernant ladite Confrèrie, ne pourra entrer dans les comptes de la Communauté; sauf aux Maîtres de Confrèrie, ou à ceux à qui l'administration en est confiée, à rendre nn compte particulier à la Communauté, de ce qu'ils auront reçu & dépensé pour raison de leur exercice, sans que ledit compte puisse être cumulé avec celui des deniers de la Communauté, ni en faire partie.

V.

Ne pourront les Jurés délivrer aucunes lettres ou certificats d'Apprentissage, ou de réception à la Maîtrise, qu'au préalable ils n'ayent perçu en deniers comptans les droits attribués à la Communautépour raison desdits Brevets ou réceptions, sans qu'il leur soit permis de faire aucune modération, remise, ni credit desdits droits, à peine d'en répondre en leur propre & privé nom.

VI.

Ne pourront pareillement lesdits Syndics, Jurés ou Receveurs, se charger en recette dans leurs comptes, des droits qui leur sont personnellement attribués, ainsi qu'aux anciens, sur les receptions des Maîtres ou confections de chefs-d'œuvres, & les cumuler avec les droits appartenant à la Communauté, pour les porter ensuite en dépense ou reprise; mais ils se chargeront seulement en recette, des deniers de la Communauté.

VII.

Il sera fait tous les ans par les Jurés & anciens de la Communauté, un rôle de tous les Maîtres & veuves, divisé en trois classes; la premiere contenant les Maîtres & veuves qui tiendront boutique lors de la confection dudit rôle, & qui seront en état de payer les droits de visite; la seconde contenant les fils de Maîtres reçus à la Maîtrise, & qui demeurent chez leur pere, ou chez d'autres Maîtres, en qualité de Garçons de Boutique ou Compagnons; & la troisiéme contenant les noms de ceux qui seront réputés hors d'état de payer lesdits droits, ou à qui il conviendra d'en faire remise d'une partie; lequel rôle sera mis tous les ans entre les mains du Juré comptable qui entrera en Charge, après avoir été affirmé par tous les autres Jurés & Anciens; & sera tenu ledit Juré comptable, de tenir compte à la Communauté du montant de la premiere classe, à moins qu'il ne justifie du décès des Maîtres arrivé pendant son année de comptabilité, par un état signé de tous les Jurés & de quatre Anciens, & de compter pareillement des sommes qu'il aura pû recouvrer sur les Maîtres de la troisiéme classe, le montant desquelles sera alloué dans la recette de son compte, sur le certificat des Jurés en Charge.

VIII.

Ne pourront les Jurés faire aucun emprunt, même par voie de reconstruction, sans l'approbation par écrit du Sieur Lieutenant Général de Police.

IX.

Les frais de saisie ne seront alloués dans la dépense des comptes, qu'en représentant les procès-verbaux dressés à l'occasion desd. saisies, les quittances des sommes qui auront été payées aux Officiers de Justice pour leurs vacations & droits d'assistance & en justifiant par les Comptables, de l'évenement desdites saisies, à peine de radiation; & dans le cas où lesdits procès-verbaux seroient produits dans quelques instances; en sorte que le Comptable ne pût les représenter, il sera tenu d'y suppléer par des copies certifiées de l'Avocat ou du Procureur chargé de l'Instance.

X.

Ne pourront les Jurés interjetter appel des Sentences du Châtelet, soit pour fait de saisie ou autres cas tels quils puissent être, sans s'être fait préalablement autoriser par une délibération expresse de la Communauté convoquée à cet effet, à peine de radiation de tous les frais qu'auroient occasionnés lesdits appels.

XI.

Les acomptes qui pourront être payés aux Procureurs ou autres Officiers de Justice sur les frais des Procès existans, ne seront alloués que sur le vû des mémoires & quittances détaillées qui fassent connoître la nature des affaires & les Tribunaux où elles seront pendantes; & lorsque lesdits procès seront terminés, le Juré comptable qui fera ledit payement aux Procureurs ou autres Officiers de Justice, sera tenu de faire énoncer dans la quittance finale qui lui sera délivrée, les sommes qui auront été payées à compte sur lesdits frais, avec la date des payemens, & les noms de ceux par qui ils ont été faits, & de rapporter toutes les pieces dudit procès: quant aux frais de consultations, aux honoraires d'Avocats, à ceux des Sécretaires, des Rapporteurs, & autres de cette nature qui ne peuvent être justifiés par des quittances, il y sera suppléé par des Mandemens ou Certificats signés de tous les Jurés & de six Anciens au moins, à peine de radiation.

XII.

Les frais de Bureau, consistans dans le loyer du Bureau d'assemblée, les gages du Clerc, la fourniture de bois, chandelles, papier, plumes, cire, encre, impression & autres menues dépenses, seront détaillés & justifiés par des quittances, ou par des mandemens signés des Jurés & de six Anciens, & ne pourront, sous quelque prétexte que ce soit, excéder la somme de quinze cens livres.

XIII.

Ne pourront les Jurés, conformément à l'article V. du présent Réglement, porter dans la dépense de leurs comptes aucuns droits ni attributions sur les réceptions des Maîtres.

XIV.

Les frais de carosses & sollicitations ne seront alloués dans

la

la dépenſe des comptes, que lorſqu'ils auront été faits dans des cas urgens & indiſpenſables, & qu'ils ſe trouveront détaillés & juſtifiés par des Mandemens ou Certificats ſignés de tous les Jurés & de ſix Anciens au moins, & ne pourront excéder la ſomme de deux cens livres.

XV.

Les étrennes & autres faux-frais ne ſeront pareillement alloués qu'autant qu'ils ſeront détaillés & juſtifiés par des Mandemens ou Certificats, tels que ceux énoncés dans l'article ci-deſſus, & ne pourront exceder la ſomme de trois cens livres.

XVI.

Les Jurés ſortant de charge ſeront tenus de preſenter leurs comptes à la fin de leur exercice, aux Jurés en charge, & aux anciens Auditeurs & Examinateurs nommés ſuivant l'uſage, à l'effet d'être leſdits comptes par eux vûs, examinés & contredits ſi le cas y échet, & arrêtés en la maniere accoutumée, au plus tard trois mois après l'exercice du Comptable fini, & ce n'onobſtant tous uſages, diſpoſitions de Statuts ou autres Reglemens à ce contraire, auxquels Sa Majeſté a dérogé & déroge expreſſement par le preſent Arrêt; & ſeront leſdits comptes, enſemble les piéces juſtificatives, remis aux Jurés en charge qui ſeront tenus de leur part de les remettre dans un mois au plus tard au Greffe du Bureau de la reviſion, pour être procédé à ladite reviſion, après laquelle leſdits comptes & pieces ſeront rendus auxdits Jurés en charge, pour les dépoſer dans leurs archives.

XVII.

Dans le cas où le Comptable ſeroit réputé en avance par l'arrêté de la Communauté, il ne pourra cependant être rembourſé par ſon ſucceſſeur, qu'après la réviſion de ſon compte, & que leſdites avances auront été conſtatées & arrêtées par les Seurs Commiſſaires du Conſeil à ce députés, à peine contre le Syndic, Juré ou Receveur qui auroit fait ledit rembourſement, d'en repondre en ſon propre & privé nom.

XVIII.

Et d'autant qu'il pourroit ſe trouver des Syndics ou Jurés qui ne ſeroient pas en état de dreſſer & tranſcrire eux-mêmes leurs comptes en la forme & maniere qu'ils doivent être, fans le secours des personnes capables, à qui il est juste d'accorder un salaire raisonnable ; permet Sa Majesté à chacun desdits Comptables d'employer chaque année dans la dépense de son compte la somme de cinquante livres pour la façon & expédition d'icelui.

XIX.

ENJOINT Sa Majesté aux Sieurs Commissaires du Bureau établi pour la liquidation des dettes des Corps & Communautés & revision de leurs comptes, & au Sieur Lieutenant Général de Police, de tenir la main, chacun en droit soi, à l'exécution du présent Réglement, qui sera enregistré à ladite Commission, & transcrit sur le Registre de la Communauté des Distillateurs-Limonadiers pour être exécuté suivant sa forme & teneur.

Les Commissaires Généraux du Conseil députés par Sa Majesté par Arrêt de son Conseil d'Etat des 3 Mars & 16 May 1716. & autres subséquens, pour procéder à la liquidation des dettes des six Corps des Marchands & des Communautés d'Arts & Métiers de la Ville & Fauxbourgs de Paris, revision, examen de leurs comptes, & notamment par Arrêt du 24 Juin 1747. Vû l'Arrêt du Conseil d'Etat du 15 Octobre 1748. portant Réglement pour la Communauté des Distillateurs-Limonadiers, les Conclusions du sieur Berryer Procureur général de notre Commission, tendantes à ce que ledit Arrêt soit enregistré au Greffe de notre Commission pour être enregistré & exécuté suivant sa forme & teneur : Oui le Rapport du sieur Chopin, Chevalier, Conseiller du Roy en ses Conseils, Maître des Requêtes ordinaire de son Hôtel, l'un de nous Commissaires à ce deputé : Nous Commissaires généraux susdits, en vertu du pouvoir à nous donné par Sa Majesté, avons ordonné & ordonnons que ledit Arrêt du Conseil du 15 Octobre dernier, sera enregistré au Greffe de notre Commission pour être exécuté selon sa forme & teneur. FAIT en l'Assemblée desdits Commissaires, tenue à Paris, le 10 Janvier 1749.

Le vingt-un Juillet mil sept cent quarante-neuf, à la Requête de M. le Procureur général pour le Roy en ladite Commission, qui a élû son domicile en son Bureau, sis à Paris, rue S. Honoré, près les Jacobins, Signifié & laissé la présente co-

pie aux fins y contenues, à la Communauté des Maîtres Distillateurs-Limonadiers en la personne des sieurs Moraine, Poisson, Minguet & Curé, tous de présent Jurés en Charge de ladite Communauté, tant pour eux que pour leurs successeurs en Charge trouvés assemblés en leur Bureau, rue de la Coutellerie, en parlant à leurs personnes, & auxquels nous Huissier ordinaire du Roy en ses Conseils, après leur avoir fait lecture dudit Arrêt & Jugement, leur avons fait commandement de nous représenter le Registre servant à mettre les Délibérations de ladite Communauté, à quoi satisfaisant, avons sur icelui fait & transcrit sur ledit Registre relié, couvert de parchemin, contenant 244 feuillets, & commençant du 16 May 1748. mot à mot les susdits Arrêts & Jugement, pour par lesdits sieurs Syndics & Jurés en Charge de la présente année & leurs successeurs en Charge, s'y conformer à l'avenir; ce fait, leur avons remis leurdit Registre, ensemble deux feuilles d'imprimé en grand papier, en tête duquel est mis en gros caractere, modele de comptes pour servir à dresser ceux que doivent rendre les Jurés des Communautés d'Arts & Métiers de Paris, pour par lesdits Jurés & Communautés, s'y conformer à l'avenir aux peines y portées, & laissé la présente copie par nous susdit & soussigné. DE BRIE.

19 *Décembre* 1749.

SENTENCE de Police, qui fait défenses aux Jurés-Limonadiers d'exiger de ceux qui se présenteront à la Maîtrise la somme de 76 liv. & ordonne que le nommé Maherault sera reçu Maître moyennant 800 liv. outre les droits ordinaires & accoutumés.

Droit de 76 liv. défenses de l'exiger des Aspirans à la Maîtrise.

6 *May* 1750.

ARREST du Parlement, rendu entre les Marchands Epiciers & les Maîtres Limonadiers, par le dispositif duquel il est dit que celui du 5 Juillet 1738. ci-devant énoncé, sera exécuté selon sa forme & teneur; qu'il sera permis aux Marchands Epiciers & Apoticaires-Epiciers de vendre & débiter des Liqueurs chaudes, celles composées d'Eau-de-Vie, d'Esprit-de-Vin & Fruits confits à l'Eau-

Epiciers ne peuvent vendre les Liqueurs qu'en bouteilles entieres, coëffées, & non autrement. V. l'Arrêt du premier Juillet 1752.

de-Vie, tant en gros qu'en bouteilles de toutes mesures & continences, pourvû que lesdites bouteilles soyent pleines, entieres & coëffées, & non autrement. Fait défenses aux Epiciers & Apoticaires-Epiciers d'avoir dans leurs Boutiques & arrieres-Boutiques aucuns tonneaux & vaisseaux en vuidange quant aux Liqueurs dont le débit en détail appartient aux Limonadiers; permet cependant auxdits Epiciers & Apoticaires-Epiciers de distiller & dépoter dans leurs arrieres-Boutiques les Liqueurs dont le débit leur est permis, & les transvaser dans des bouteilles de toutes mesures & continences, qu'ils tiendront coëffées, sans néanmoins que sous ce prétexte ni tel autre que ce puisse être, ils donnent à boire desdites Liqueurs, à peine de saisie, confiscation, 20 liv. d'amende, dépens, dommages & intérêts. Comme aussi fait défenses ausdits Epiciers & Apoticaires-Epiciers de vendre & débiter du Caffé brûlé & en poudre, mais seulement en féves; & enfin sur la demande des Marchands Epiciers & Apoticaires-Epiciers, à ce que les Jurés-Limonadiers ne puissent aller en visite chez les Epiciers, qu'en se faisant assister d'un des Maîtres & Gardes du Corps de l'Epicerie, met les Parties hors de Cour.

5 *Février* 1751.

Clerc de la Communauté expulsé.

SENTENCE de Police qui ordonne que le nommé Masson Maître Limonadier, & ci-devant Concierge & Clerc de la Communauté, sera tenu dans trois jours de remettre aux Jurés les Clefs & effets dont il est chargé, & que dans le même délai, il sera tenu de sortir des lieux par lui occupés, d'en enlever ses meubles, sinon qu'ils seront mis sur le carreau, & qu'à cet effet ouverture seroit faite des portes par un Serrurier en présence d'un Commissaire.

10 *Février* 1751.

Epiciers. Permis d'aller en visite chez eux, même les Dimanches & Fêtes.

ARREST du Parlement, qui confirme une Ordonnance de Police du 21 Novembre 1750. portant permission aux Jurés-Limonadiers de se faire assister du premier Commissaire requis, de se transporter chez les Marchands Epiciers, & de faire proceder, même les Dimanches & les Fêtes, lorsqu'il sera nécessaire, à la saisie & enlevement en leur Bureau de ce qui sera trouvé en contravention aux Statuts & Réglemens de leur Communauté; & en cas de refus d'ouverture de portes, armoires, magasins & autres lieux, permis de les faire ouvrir par un Serrurier en présence d'un Commissaire & de deux voisins en la maniere accoutumée, dont seront dressés Procès-verbaux.

23 *Avril* 1751. & 7. *Septembre* 1753.

Deux SENTENCES de Police, rendues au profit de la Communauté des Limonadiers, contre le Corps des Marchands Epiciers, qui maintient les Limonadiers dans le droit de vendre des Dragées & Pastilles, fait main-levée de la saisie faite sur le nommé Doniolle Maître Limonadier, d'une Bouteille de Pastille, avec dommages-intérêts; & défenses aux Gardes-Epiciers de faire de pareilles saisies, & les condamne aux dépens tant envers ledit Doniolle qu'envers ladite Communauté des Limonadiers.

Dragées & Pastilles. Les Limonadiers ont le droit d'en vendre.

Six ARRESTS du Parlement de l'année 1751. rendus entre les Jurés & Communauté des Limonadiers, & les ci-après nommés.

Collusions.

Le premier, du 17 Septembre, confirmatif d'une Sentence de Police du 19 Décembre 1749. rendu contre les nommés Poupart & Chrestien.

Le second, du 24 du même mois de Septembre, confirmatif d'autre Sentence de Police du 18 Juillet 1749. rendu contre Jean Poussin le jeune, tant en son nom, que comme prenant le fait & cause de Guillaume Lienard.

Le troisiéme, du 8 Octobre, confirmatif d'autre Sentence de Police du 16 Janvier 1750. rendu contre la veuve Darragon.

Le quatriéme, du 20 du même mois d'Octobre, confirmatif d'autre Sentence de Police du 13 Décembre

1748. rendue contre la veuve Dubut.

Le cinquiéme, du même jour 20 Octobre, confirmatif d'autre Sentence de Police du 29 Janvier 1750. rendue contre les nommés Cauffin & Desprez.

Et le sixiéme, aussi du même jour 20 Octobre, confirmatif d'autre Sentence de Police du 31 Janvier 1749. rendue contre François Desvignes.

Premier Juillet 1752.

Epiciers. Ne peuvent avoir dans leurs Boutiques & arrieres-Boutiques des Liqueurs qu'en bouteilles pleines & bouchées de liége, coëffées de parchemin, & ficellées.

ARREST du Parlement, qui fait défenses à tous Epiciers d'avoir & tenir dans leurs Boutiques & arrieres-Boutiques aucunes bouteilles de Liqueurs chaudes composées d'Eau-de-Vie, d'Esprit-de-Vin & Fruits confits à l'Eau-de-Vie, à moins que lesdites bouteilles ne soient pleines, entieres, bouchées d'un bouchon de liege, coëffées d'un morceau de parchemin & ficellées, à peine de saisie, confiscation, amende, dépens, dommages & intérêts, sauf auxdits Epiciers à distiller & dépoter dans leurs arrieres-Boutiques toutes les Liqueurs dont le débit leur est permis, & de les transvaser dans des bouteilles de toutes mesures & continences, qu'ils boucheront d'un bouchon de liége, les coëfferont d'un morceau de parchemin, & seront ficellées, sauf aussi auxdits Epiciers à vendre & débiter librement, comme ils sont en usage, les Elixirs & Liqueurs qui ne concernent point le commerce des Limonadiers.

16 *Août* 1752.

Elections de Jurés peuvent être faites au Bureau de la Communauté.

PROCÉS-VERBAL de comparution des Jurés-Limonadiers lors en Charge, en l'Hôtel de M. le Procureur du Roy au Châtelet, & Ordonnance étant ensuite, portant que l'assemblée & convocation des Maîtres pour l'élection de deux nouveaux Jurés se feroit au Bureau de la Communauté desdits Limonadiers.

Ladite Ordonnance confirmée par deux Arrêts du Parlement des 26 Août 1752. & 3 Avril 1753.

TABLE ALPHABETIQUE

De ce que contiennent en substance les différens Titres compris au présent Recueil.

Epiciers

Fin de la Table.

www.ingramcontent.com/pod-product-compliance
Ingram Content Group UK Ltd.
Pitfield, Milton Keynes, MK11 3LW, UK
UKHW022120190726
13855UKWH00003B/976